Sandra Krautwaschl

Verschwendungs-freie Zone

Wie meine Familie es schafft, sich vom Zuviel zu befreien

W0048932

WILHELM HEYNE VERLAG
MÜNCHEN

Verlagsgruppe Random House FSC® N001967

Originalausgabe 01/2020

Copyright © 2020 by Wilhelm Heyne Verlag, München,
in der Verlagsgruppe Random House GmbH,
Neumarkter Straße 28, 81673 München
Redaktion: Katy Albrecht
Umschlaggestaltung: Hauptmann & Kompanie Werbeagentur, Zürich
Umschlagfotos: Susanne Krauss / Heyne Verlag
Bildteil: S. 1 oben, S. 8 unten © Philipp Podesser
S. 1 unten, S. 6 unten, S. 8 oben, S. 8 Mitte © privat
S. 2–5, S. 6 oben, S. 7 © Susanne Krauss / Heyne Verlag
Satz: Schaber Datentechnik, Austria
Druck: GGP Media GmbH, Pößneck
Printed in Germany

ISBN: 978-3-453-60531-2

www.heyne.de

Inhalt

Einleitung:
Was wir wirklich brauchen

Um es gleich vorweg zu sagen: Dieses Buch ist kein Ratgeber! Dieses Buch sollte eigentlich gar nicht notwendig sein. Dieses Buch soll die Geschichte einer ganz normalen Familie erzählen. Einer Familie, die alles hat, was sie braucht, und eigentlich noch viel mehr. Einer Familie, die sich bemüht, ein gutes Leben zu führen und sich das auch für alle anderen Familien wünscht. Die Geschichte meiner Familie.

Die im Untertitel enthaltene Feststellung, dass meine Familie es schafft, sich vom »Zuviel zu befreien«, ist jedenfalls sehr subjektiv zu verstehen. Denn, was zu viel und was zu wenig ist, unterliegt natürlich immer einer sehr persönlichen Einschätzung. Doch was wir definitiv geschafft haben, ist die Verschwendung in unserem Einflussbereich zu reduzieren – und die wichtigste Folge dieses Prozesses, der nunmehr seit dem Jahr 2009 andauert, ist wohl, dass sich jedes Familienmitglied mittlerweile auch auf seine ganz individuelle Art für notwendige Veränderungen engagiert. Dieses Buch soll vor allem dazu anregen, in sich hineinzuspüren. Sich selbst zu fragen, was ein gutes Leben ausmacht.

Mit diesem Buch möchte ich Sie dazu ermuntern, selbst etwas auszuprobieren, Überflüssiges wegzulassen und das, was wirklich wichtig ist, zumindest wahrzunehmen. Und im besten Fall, soll es dazu motivieren, sich für die Rettung der Welt und die Zukunft unserer Kinder zu engagieren. Ja, so pathetisch das auch klingt, genau das ist eigentlich das Ziel dieses Buches. Denn ich gehe davon aus, dass alle, die es lesen, auch die Möglichkeit haben, sich für eine bessere Zukunft einzusetzen! Den wahren Preis nämlich – wenn wir im Klimaschutz weiterhin auf Scheuklappen setzen – werden nicht wir bezahlen. Sondern unsere Kinder durch den Verlust ihrer Lebensgrundlagen und damit durch den Verlust dessen, was man im besten Sinne Wohlstand nennt!

Wer Verschwendung auf der persönlichen Ebene reduzieren will, sollte sich zu allererst fragen: »Was brauche ich eigentlich wirklich?«

Ich habe mich das schon sehr oft gefragt. Ich habe es auch schon oft gespürt. Und immer wieder auch sehr vermisst, denn auch ich kenne die typischen Belohnungseinkäufe nach Tagen, in denen ich mich keine Sekunde selbst gespürt habe, keinen Atemzug lang Zeit hatte, mich überhaupt damit zu beschäftigen, was mir gerade guttun würde. Und das ist wohl auch das Dilemma: Man bräuchte wahrscheinlich oft in erster Linie mehr Zeit, Ruhe und einen freien Kopf. Wenn man das nicht bekommt, versucht man, es mit Dingen, die man eigentlich gar nicht braucht, zu kompensieren. Das hilft aber natürlich auf die Dauer nicht. Instinktiv wissen die meisten von uns ja doch, dass man sich ein gutes Leben nicht mit der Anhäufung von Überfluss erkaufen kann. Die Frage, was wir wirklich brauchen, lässt sich jedenfalls nach Abdeckung der tatsächlichen Grundbedürfnisse beantworten, nicht durch Einkaufen und Konsum.

Wenn man – so wie ich gerade in diesem Sommer wieder – das Glück hat, ein paar Wochen lang zu erleben, wie wenig Dinge man braucht, wenn man Zeit in der Natur und mit Menschen, die man mag, verbringen kann, dann hat das beinahe etwas Heilsames. Mit dem Weniger an Dingen kommt ein Mehr an Ruhe, Gelassenheit, Zufriedenheit, Dankbarkeit.

Mit dem einfachen Leben am Campingplatz in Kroatien, der Schönheit des Meeres, dem Staunen über all die Tintenfische, Muscheln, Krabben, Seesterne, Seeanemonen entdecke ich jedes Jahr wieder diese kindliche Achtsamkeit mit der Natur, von der ich und wir alle ja schließlich nur ein Teil sind. Jeder kleine Plastikverschluss, jeder vergessene Badeschuh, Schnorchel, jede kaputte und einfach liegen gelassene Luftmatratze, jede Plastikflasche, jedes noch so kleine Stück unnötiger Müll inmitten dieser Schönheit tut mir in der Seele weh. Ich habe das Gefühl, mich dafür entschuldigen zu müssen, und sammle zusammen, was möglich ist, weil auch das für mich etwas Heilsames hat. Und ich weiß in solchen Momenten ganz genau, dass ich weiter mit all meiner Kraft dafür eintreten werde, dieses Zuviel zu stoppen.

Man sollte sich die Frage, was man wirklich braucht, immer mal wieder stellen und sich auf der Suche nach Antworten Zeit nehmen, in die Natur zu gehen, mit Menschen, die einem guttun, darüber zu reden, sich selbst zu spüren.

Auch wenn die Antworten auf diese Frage natürlich individuell sehr unterschiedlich ausfallen werden, steht eines jedenfalls für mich fest (und bisher hat mir da noch nie jemand widersprochen): Ein gutes Leben braucht keine Verschwendung!

Was ich selbst schon als Kind und dann wieder durch meine eigenen Kinder gelernt habe, ist die Wertschätzung für Essen, Kleidung, Wohnraum, Mobilität, Geräte. Und wohl das wichtigste: die Wertschätzung für andere Menschen und die Natur. Diese Wertschätzung hilft mir persönlich ungemein, ein Gefühl von »genug« zu entwickeln und zu spüren, was zu viel ist. Es tut unglaublich gut, die Leichtigkeit zu spüren, die sich in Momenten einstellt, wo man genug hat. Wo man wahrnimmt, dass es reicht, nicht zu viel, nicht zu wenig – es passt einfach! Je mehr ich mich damit beschäftigt und je öfter ich das erlebt habe, desto klarer wurde mir auch, dass das Zuviel eine wirkliche Belastung sein kann. Und zwar auch ganz unabhängig von allen ökologischen und sozialen Folgen – einfach nur für einen selbst!

Denn Zuviel ist eben mehr, als wir brauchen, und damit auch ein Zeichen von Mangel. Zu viel ist nicht nur mehr als genug, sondern ein Mangel an richtigem Maß!

Vielleicht geht es also auch einfach darum, das richtige Maß zu finden. Oder jedenfalls darüber nachzudenken, zu diskutieren und infrage zu stellen, was im Moment noch als selbstverständlich gilt. Und das gilt wohlgemerkt für die Einzelnen wie für die Politik.

Es war schon für mein erstes Buch entscheidend, und ich möchte es an dieser Stelle noch einmal bestärken:

Wovon es meines Erachtens nie zu viel geben kann, ist menschlicher Zusammenhalt, Unterstützung und gemeinsame Ziele und Visionen. Es sind die vielen Freundschaften und Beziehungen, die durch persönliches Engagement entstehen, dadurch, dass man sich mit anderen zusammentut, gemeinsam für eine Sache eintritt, etwas tut, was einem wichtig ist. Egal ob in meinem Blasmusikverein, im Fußballverein der Kinder, bei verschiedenen Initiativen, bei meinen Vorträgen oder in der Politik, ich habe solche Menschen überall kennengelernt. Neben der Natur war und ist das meine größte Kraftquelle. Und aus beidem zusammen schöpfe ich das, wovon in diesem Buch oft die Rede sein wird und was ich für unerlässlich halte, wenn wir diese Welt zum Besseren verändern wollen: Mut, Zuversicht und Engagement!

Teil I: Fragestellungen

Vorgeschichte: Wie wir plastikfrei wurden

Wie alles angefangen hat, wurde ich in den letzten Jahren unzählige Male gefragt. Und ich habe immer wieder die Geschichte von unserem Urlaub am Meer 2009 in Kroatien erzählt. Von den menschenleeren Stränden Anfang September, von unseren drei Kindern – damals 13, zehn und sieben Jahre alt – die nicht aufgehört haben zu fragen, warum die Strände voller Plastikmüll sind, wie der Müll dorthin kommt, und schließlich, wer daran schuld ist. Vom Film »Plastic Planet«, den ich kurz nach unserer Rückkehr bei der Premiere in Graz gesehen habe, und von meiner Entscheidung nach dem Film, »so nicht mehr weitermachen zu wollen«!

Aber eigentlich war das nicht der Anfang. In Wirklichkeit hat alles wohl viel früher begonnen. Denn viele Menschen haben denselben Müll gesehen wie wir, und auch denselben Film, doch nicht alle haben dieselben Konsequenzen gezogen.

Meine Eltern, speziell mein Vater, waren mit meiner Schwester und mir sehr viel auf Bergen und an Seen unterwegs, wir sind viel Rad gefahren, in den Wald gegangen, haben Schwammerl gesucht, Tiere beobachtet, Kastanien und Blätter gesammelt, an Bächen gespielt. Und bei all diesen wunderschönen

Kindheitserlebnissen haben unsere Eltern uns wohl auch vermittelt, dass man auf diese Schönheit achtgeben muss. Dass sie zwar ein Geschenk ist (und wir somit dafür nicht zahlen müssen), aber wir gerade deshalb auch die Pflicht haben, die Unversehrtheit dieses Geschenkes zu wahren. Bei mir hat das unter anderem dazu geführt, dass ich schon als kleines Kind dazu neigte, den Müll anderer Leute aufzusammeln, was wiederum manche Erwachsenen als Eingriff in ihre Privatsphäre verstanden haben und entsprechend reagierten.

Immerhin habe auch ich damals schon meinen Vater mit Fragen bombardiert und konnte nicht verstehen, warum manche Leute einfach ihren Abfall in die Natur werfen. Und so schließt sich wohl der Kreis. Denn auch wenn die Dimension dieses Problems in den 70ern und frühen 80ern mit der heutigen Vermüllung unseres Planeten nicht vergleichbar ist, war es mein Vater, der immer sagte: »Egal, warum andere Leute sich so verhalten – wir machen es jedenfalls anders! Schließlich wollen wir, dass es hier schön bleibt!«

Mein Vater ist leider schon sehr früh gestorben, aber diese Sätze von ihm prägen mich immer noch. »Wir machen es anders! Schließlich wollen wir, dass es hier schön bleibt!« Und das war es auch, was meine Kinder wollten, als wir in diesem Spätsommer 2009 stundenlang den Müll an den leeren Stränden zusammensammelten. Es waren sehr berührende Momente. Auf der einen Seite die zerstörerische Kraft, die von den Menschen ausgeht, die Verschwendung und die gedankenlose Verwüstung unserer eigenen Lebensräume, auf der anderen Seite dieser brennende Wunsch meiner Kinder, »es wiedergutzumachen«. Und gleichzeitig die ständigen Fragen der Kinder: Warum passiert das eigentlich? Wer ist schuld daran?

Und schon dort an den kroatischen Stränden konnte ich der Antwort nicht ausweichen. Irgendwann nach zahlreichen Erklärungen über die Schifffahrt, die schlechten Müllsammelsysteme in vielen Ländern und die Gedankenlosigkeit vieler Menschen musste ich mir doch eingestehen, dass das alles auch mit mir zu tun hat. Mit uns, die wir auch all diese Dinge kaufen, vielfach verpackte Produkte, unnötiges Zeug einfach, weil es billig ist, Plastiksackerln in Hülle und Fülle, Plastikflaschen, Dosen, Billigspielzeug von schlechter Qualität, und weil das alles entweder sowieso zum Wegwerfen gedacht ist oder so schlecht gemacht, dass es gleich einmal wieder kaputt wird und auch nicht mehr repariert werden kann, landen riesige Mengen davon ganz rasch irgendwo in der Natur. Und weil es dennoch weiterhin produziert und auch gekauft wird, gibt es immer mehr davon. Landet immer mehr davon auch im Meer und hier vor unseren Füßen – kurz gesagt: Wir sind ein Teil des Problems!

Doch dass wir auch ein Teil der Lösung sein könnten, wurde mir erst ein paar Wochen später klar. Und zwar nach einem schicksalhaften Kinobesuch am 17. September 2009, wo ich mit einer Freundin die Premiere des österreichischen Films »Plastic Planet« in Graz besucht hatte. Dieser Film war letztlich der Auslöser für ein Experiment mit meiner Familie, das nunmehr schon fast 10 Jahre fortgeführt wird und unser gesamtes Leben sehr verändert hat.

In »Plastic Planet« wurde das, was wir im Urlaub gerade im Kleinen gesehen hatten, in seiner globalen Dimension thematisiert. Der Wiener Regisseur Werner Boote zeigt darin allerdings nicht nur das gigantische Ausmaß der weltweiten Müllproblematik mit all ihren Folgen für Natur, Tiere und Menschen, sondern auch die gesundheitlichen Folgen, die intransparenten

Praktiken der Plastikindustrie und nicht zuletzt die politische Dimension des Themas. Beim Verlassen des Kinosaals spürte ich nicht nur einen gewaltigen Groll über das soeben Gesehene und über meine eigene Gedankenlosigkeit im Umgang mit Plastik und Verpackungen, sondern auch eine zu diesem Zeitpunkt noch unerklärliche Aufbruchstimmung. Und dieser Satz war wieder da: »Wir machen es anders!«

Und so starteten wir am nächsten Tag – ohne uns dessen bewusst zu sein – unser wohl größtes Familienabenteuer. Einige Wochen später begann ich auch, einen Blog (www.keinheim fuerplastik.at) über unsere Erfahrungen mit dem plastikfreien Einkauf zu schreiben, die ersten Zeitungsartikel erschienen, Fernseh- und Radiointerviews wurden aufgenommen und sogar Dokus und Livesendungen mit uns gedreht.

Es folgte eine extrem spannende Phase, in der ich mit Werner Boote zu zahlreichen Filmdiskussionen zu »Plastic Planet« eingeladen wurde, um über unser Experiment und die Erfahrungen, die wir machten, zu berichten. Gleichzeitig war ich vor allem damit beschäftigt, Alternativen zu recherchieren, bei unterschiedlichen Firmen nachzufragen, welche Materialen sie für ihre Verpackungen verwenden, und diverse Anfragen zu beantworten. Werner war dabei nicht nur ein großartiger Unterstützer, sondern hat auch immer wieder Aktionen eingefädelt und Kontakte vermittelt. Ein sehr prägendes Erlebnis in dieser Zeit war die Hausräumaktion, die Werner und sein Team gemeinsam mit uns durchführten. Wie viele Familien in seinem Film haben wir an diesem Tag unseren gesamten Haushalt »von Plastik befreit« und so gut wie alle Plastikgegenstände vor dem Haus aufgetürmt. Die allermeisten dieser Dinge lagern immer noch in unserem Nebengebäude.

Zu Beginn unseres Experiments stand eindeutig der sportliche Ehrgeiz im Vordergrund. Wir suchten plastikfreien Ersatz für Produkte, die wir bisher immer gekauft hatten. Wir waren sehr akribisch, untersuchten alle Verpackungen bis in ihre Einzelteile, entdeckten die Kunststoffschichten in Kronenkorken von Bierflaschen und Schraubverschlüssen von Marmeladegläsern und kamen recht schnell zur Erkenntnis, dass wir es nicht hundertprozentig schaffen würden. Denn schließlich war eine unserer Bedingungen, dass das Experiment Spaß machen und keinen Stress in die Familie bringen sollte, und so gesehen war ein Bier für meinen Mann und Marmelade für alle drei Kinder nicht dauerhaft verzichtbar. Auch war es uns schnell klar, dass nicht jede »Alternative« zu Plastikverpackungen wirklich eine gute Alternative wäre. Es gab also von Anfang an Kompromisse in unserem Experiment. Doch es war auch sehr schnell klar, dass ein wesentlicher Teil des Erfolgs wohl das schlichte »Weglassen« von Produkten sein würde. Küchenrollen, WC-Steine und fast alle Putzmittel sind nur ein paar Beispiele dafür – doch auch meine geliebten Kartoffelchips fielen leider in diese Kategorie.

Nach dem ursprünglich geplanten einen Monat des Experiments waren sich alle in der Familie einig, dass wir weitermachen wollten. Und nach einem Jahr hatten wir trotz einiger Kompromisse und Ausnahmen insgesamt tatsächlich nur einen halben Gelben Sack Plastikmüll produziert. Das mediale Interesse am Thema »Plastikvermeidung« blieb zu meinem Erstaunen über Jahre hinweg groß. Meine Familie und ich waren sozusagen zum Sinnbild dafür geworden, dass jeder von uns einen Beitrag leisten kann und soll. Überhaupt flaute das Thema »Plastik« über die Jahre nicht etwa ab, sondern wurde von Jahr zu Jahr aktueller.

Eine Folge dieser Erkenntnis war, dass ich mein persönliches politisches Engagement von der Gemeinde- auf die Landesebene ausweitete. Und letztlich war das hartnäckige Dranbleiben an der »Plastiksache« sicher auch mitentscheidend dafür, dass ich seit dem Sommer 2015 Abgeordnete der Grünen im Steirischen Landtag bin.

Das erste Buch endet ja mit dem Kapitel »Ein sicher nicht endgültiges Resümee« und den abschließenden Sätzen: »Natürlich hadere ich bisweilen damit, dass ich nicht mehr tun kann, nicht die ganze Welt oder zumindest Teile davon zu retten vermag, aber ich habe gelernt, dass jeder kleine Schritt bedeutsam ist. Für mich selbst, für meine Kinder, für die Hoffnung auf Veränderung und für die Motivation, weitere kleine Schritte zu gehen. Mehr kann ich als einzelner Mensch nicht tun. Allerdings auch nicht weniger.«

Doch nach Hunderten Vorträgen und Diskussionen zum Thema »Plastikfreie Zone« (die ich auch heute immer noch sehr gerne halte) und obwohl wir auch heute noch mit ca. einem halben Gelben Sack pro Jahr auskommen, geht es längst nicht mehr »nur« um Plastik. Es geht darum aus dem Kreislauf der Verschwendung auszubrechen und Menschen dazu zu ermuntern, sich zu engagieren, um den notwendigen Wandel hin zu einem für Menschen und Natur verträglichen und lebenswerten System zu schaffen. Dafür braucht es nicht nur die Erkenntnis, dass wir unsere Lebensumfelder zu »Verschwendungsfreien Zonen« machen wollen, sondern vor allem auch das Engagement von vielen!

Als ich vor zehn Jahren wieder begonnen habe, eine Dose zum Einkaufen mitzunehmen, war das irgendwie exotisch, wurde teilweise bestaunt, teilweise belächelt. Heute gehen nicht nur meine inzwischen erwachsenen Kinder Samuel und Marlene selbstverständlich mit der Dose einkaufen. Es haben immer mehr Menschen damit begonnen, und mittlerweile reagieren auch die großen Supermarktketten darauf: Eine hat bereits ein System mit Tablett eingeführt, das nun ganz offiziell das Befüllen der eigenen Dosen erlaubt und auch den Hygienebestimmungen gerecht wird. Ich bin nicht so vermessen zu glauben, dass das primär etwas mit meiner persönlichen Vorbildwirkung zu tun hat, aber ich glaube jedenfalls, dass jeder einzelne Mensch, der irgendwann eingefordert hat, wieder so einkaufen zu können, wie es für meine Oma noch ganz selbstverständlich war, die auf die Verschwendung hingewiesen hat, auch einen Beitrag geleistet hat. Eine große Drogeriemarktkette hat inzwischen Nachfüllstationen für gewisse Putz- und Waschmittel eingeführt, um Plastikverpackungen zu reduzieren. Inzwischen dienen solche Aktionen den großen Marktplayern natürlich auch zur Imagepflege. Die Grenze zum Greenwashing ist dabei sicher immer fließend, doch im Prinzip finde ich es wichtig, dass so gut wie niemand mehr an dem Thema vorbeikommt und dass Verschwendung langsam, aber sicher ein so schlechtes Image bekommt, dass auch die bisherigen Profiteure umdenken müssen.

Es liegt natürlich auch eine kleine Gefahr in diesem Gedanken, denn immerhin hat es satte zehn Jahre gedauert, bis die selbst mitgebrachten Dosen nun wieder willkommen in manchen Supermärkten sind. Der ganze Rest der gigantischen Verpackungsverschwendung bleibt davon nach wie vor ebenso weitgehend unberührt wie die Verschwendung in den vielen anderen Bereichen des Konsums. Heute wissen wir (mehr als ausreichend wissenschaftlich untermauert), dass wir nur mehr rund zehn weitere Jahre Zeit haben, um die wirklich großen

Veränderungen umzusetzen, die notwendig sein werden, um der Zerstörung unserer wichtigsten Lebensgrundlage Einhalt zu gebieten. Der Zerstörung eines Klimas, das überhaupt noch Leben und Zivilisation, wie wir sie jetzt kennen, möglich macht. Und das gilt im wörtlichen wie im übertragenen Sinne.

Meine Erfahrung aus zehn Jahren Plastikmüllverweigerung und vier Jahren Politik sagt mir jedenfalls ganz eindeutig, dass es mehr brauchen wird als viele Einzelne, die sich abmühen innerhalb eines falschen Systems etwas richtiger zu machen, um das in den nächsten Jahren zu bewerkstelligen. Man verstehe mich bitte nicht falsch, es zählt natürlich auch weiterhin jeder einzelne, kleine Schritt, jede Bemühung, jede persönliche Umstellung, die Verschwendung und Überfluss auf irgendeiner Ebene reduziert, doch angesichts des wirklich langsam sehr engen Zeithorizonts, angesichts des unsäglichen Leids, das unser Überfluss in vielen Teilen der Welt jetzt schon erzeugt, angesichts der zunehmend ungerechten Verteilung von gesunden Lebensbedingungen und Wohlstand auch in unseren Breiten wird es doch noch mehr brauchen als das.

Nicht umsonst fordert die Fridays-for-Future-Bewegung ja nicht nur Klimaschutz, sondern »Climate Justice«, also Klimagerechtigkeit! Auch dazu können viele einzelne Menschen ganz entscheidend beitragen, denn hier sind wir genau an der Schnittstelle oder vielleicht eher am unerlässlichen, ständigen Zusammenspiel und Zusammenwirken der einzelnen Menschen und der Politik. Denn wenn aus vielen Einzelnen eine Bewegung wird, die klare politische Forderungen formuliert und wenn diese Bewegung eine gewisse Größe erreicht, kann die Politik sie nicht mehr ignorieren und irgendwann auch nicht mehr mit Alibiaktionen ruhigstellen.

Warum ausgerechnet wir?

Das war in all den Jahren seit dem Beginn unseres »Plastikfrei-Experiments« im Jahr 2009 sicher die am häufigsten gestellte Frage.

Unsere Kinder waren ja zu Beginn des Experiments ungefähr sieben, zehn und 13 Jahre alt und von Beginn an sehr intensiv in die Planung und Umsetzung einbezogen. Und schließlich war es ja Marlene selbst gewesen, die mit ihren zehn Jahren nach dem ursprünglich für einen Monat angesetzten Experiment klipp und klar festgestellt hatte: »Wir können doch einfach weitermachen, uns fehlt doch nichts!«

Insgesamt konnte ich also auf die Fragen nach dem Wohlergehen der Kinder immer besten Gewissens antworten, dass es ihnen gut ging. Ohne weitere Erklärungen erschein das aber offenbar nicht immer glaubwürdig. Ich kann mich noch sehr gut an die äußerst skeptischen Worte einer jungen Mutter in einer meiner Lesungen erinnern. Sie hatte ebenfalls drei Kinder, etwas jünger als unsere, und reagierte fast ein wenig aufgebracht: »Sie wollen mir doch nicht weismachen, dass Sie Ihren Kindern das ganze Spielzeug wegnehmen konnten, keine Süßigkeiten mehr, kein Knabberzeugs, kein Handy, keine Computerspiele, und es denen ›gut geht‹ und die keine Außenseiter geworden sind? In unserer Schule ist es schon ein Problem, wenn meine Tochter nicht auf der neuesten Lacostewelle mitschwimmt, weil wir uns das nicht leisten können ...«

In solchen Momenten war es für mich immer ein wenig schwierig, nicht zu weit auszuholen. Denn eigentlich hätte ich immer das Bedürfnis gehabt, in meiner eigenen Jugend zu beginnen. Dass ich persönlich das »Schwimmen abseits des

Mainstreams« schon sehr früh zum Markenzeichen erhoben, mich dabei immer sehr wohlgefühlt hatte und dass das daher wohl auch für unsere Kinder einfach bis zu einem gewissen Grad ganz normal geworden sei. Dass sie es wohl gewohnt seien, etwas auch anders machen zu können als die meisten, ohne sich dafür rechtfertigen zu müssen, aber auch, ohne anderen ein schlechtes Gewissen zu machen.

Doch das hätte in durchschnittlichen Diskussionsrunden wohl meist den Rahmen gesprengt. So beschränkte ich mich auch in diesem Fall darauf klarzustellen, dass ein wesentlicher Teil des Erfolgs unseres Experiments die Mitbestimmung und das Vetorecht aller Beteiligten war. Dass unsere Kinder durch den enorm großen und positiven Zuspruch naturgemäß von sich aus ein sehr großes Interesse hatten, auch etwas beizutragen, und dass zumindest unsere beiden älteren auch von Beginn an einen sehr selbstbewussten Umgang mit dem Experiment pflegten.

»Wir haben ihnen natürlich keine Süßigkeiten entrissen, wenn sie von Oma und Opa etwas bekommen haben oder wenn mal nach dem Fußballmatch eine vom Trainer spendierte Softdrink-Plastikflasche mit nach Hause kam. Und über viele andere Themen haben wir natürlich immer wieder Diskussionen geführt – wie es halt so ist mit Kindern in einem gewissen Alter. Eigentlich fast in jedem Alter ...!«

Mit Leonard war es zum Beispiel in den ersten Jahren immer wieder ein Thema, dass sich *unsere* Sichtweisen darüber, ob er noch neues Playmobil bräuchte, durchaus von seiner Einschätzung unterschied. In diesem Zusammenhang war es allerdings extrem hilfreich, dass wir in unserer Hausräumaktion mit Werner Boote zu Beginn des Experiments einfach mal so gut wie alle Plastikspielsachen in den Stall geräumt hatten. Die Kinder wussten natürlich, dass man sie jederzeit wieder ins Haus holen konnte. Doch durch den unfassbaren Überfluss an Spielzeug hatten sie offenbar selbst recht schnell den Überblick verloren, und so konnten wir dann hin und wieder einfach vorhandene Dinge wieder ins Kinderzimmer holen. Und für die Kinder, speziell für Leonard, waren sie dann »wie neu«. Das galt zum Glück auch für Playmobil, Lego und vieles mehr. Und für echte »Spielzeugnotfälle« hatten wir schließlich den Kompromiss gefunden, jedenfalls nur mehr Gebrauchtes »neu« anzuschaffen.

Samuel, unser Ältester, liebte zudem wie ich »alte Sachen« und hatte speziell bei den Schulartikeln die größte Freude mit einer (allerdings nur vorübergehend eingesetzten) alten Lederschultasche, einer Federschachtel, ebenfalls aus Leder, und zahlreichen Holzartikeln. Er war im Übrigen seit frühester Kindheit für »seinen eigenen Stil« bekannt, von dem ihn nichts und niemand abbringen konnte (diesbezüglich ist er mir wohl sehr ähnlich), war aber immer sehr beliebt und hatte einen ausgesprochen großen Freundeskreis.

Marlene, die seit Beginn des Experiments von sich aus mit ihrer Freundin Melinda quasi eine klasseninterne Ökogruppe gegründet hatte, war bezüglich Überzeugungsarbeit unter Gleichaltrigen eindeutig am meisten ambitioniert. Dadurch lernte sie auf der einen Seite wohl schon sehr früh das Gefühl der Selbstwirksamkeit kennen und hatte teils sehr schöne Erfolgserlebnisse, musste aber natürlich auch immer wieder Frustration und Enttäuschung aushalten, wenn ihre oftmals durchaus hartnäckigen Überzeugungsversuche auf Widerstand trafen.

Leonard, der ja noch in die Volksschule ging, profitierte in den ersten Jahren des Experiments vor allem davon, dass ich auch als Elternvertreterin sehr aktiv war und einige Projekte zur Plastikmüllvermeidung gemeinsam mit engagierten Lehrerinnen und Lehrern direkt an seiner Schule umsetzen konnte. Doch auch die anderen beiden konnten ihre Erfahrungen immer wieder aktiv in Schule und Freundeskreis einbringen, Referate halten, von ihren Erfahrungen erzählen und wurden dadurch immer wieder bestätigt.

»Das Ganze war für unsere Kinder einfach sehr positiv besetzt!«, erkläre ich regelmäßig in Diskussionsrunden und bei Interviews. »Und das hat natürlich ganz stark damit zu tun, dass wir als Eltern es auch so empfunden haben.«

Das Einzige, was mit der Zeit fast allen ein wenig mühsam wurde, waren letztlich die medialen Auftritte. Die Kinder hatten es irgendwann allerdings ziemlich satt, immer die gleichen Fragen zu beantworten. Zudem war die ganze Sache für sie inzwischen einfach relativ normal geworden, und es fiel ihnen daher zunehmend schwerer, sich noch irgendwas einfallen zu lassen, »worauf sie verzichten müssten oder was ihnen fehlte«. Lediglich Marlene war bis auf ein, zwei Ausnahmen auch nach Jahren noch immer bereit, auch öffentlich über unser Experiment zu reden. Sie hatte sich seit 2011 immer wieder an Projekten einer WWF Jugendgruppe beteiligt, die uns damals anlässlich unseres Experiments besucht hatte. Die Bestärkung aus den gemeinsamen Aktivitäten mit dieser Gruppe und ihre angeborene Leidenschaft, die Welt verändern zu wollen, schienen sie immer wieder zu motivieren.

Die Kinder waren also nicht nur ein wesentlicher Auslöser für die bis dato größte Umstellung in unserem Familienleben. Sie haben diese Umstellung auch entscheidend mitgestaltet und durch ihre unterschiedlichen Persönlichkeiten geprägt.

Und dafür, dass es ihnen dabei gut ging und sie die ganze Sache für ihr Alter außergewöhnlich stark mittragen konnten, war wohl auch die Tatsache entscheidend, dass mein Mann und ich in Sachen »Plastikfreie Zone« einfach von Anfang an hundertprozentig an einem Strang zogen!

Ist plastikfrei wirklich genug?

In den ersten Wochen und Monaten unseres »plastikfreien Experiments« habe ich mich sehr intensiv mit Kunststoffen, der Zusammensetzung verschiedener Materialien, Verpackungs- und Hygienevorschriften beschäftigt. Der Fokus unserer Aufmerksamkeit lag eindeutig darauf, Plastik sowohl als Verpackungsmaterial als auch als Gebrauchsmaterial zu vermeiden. Zu Beginn trieb mich vor allem der Widerstand gegen das Gefühl »Man kann eh nichts ändern«, ein aktiver Akt gegen die Ohnmacht und der sportliche Ehrgeiz zu beweisen, dass es möglich ist, plastikfrei einzukaufen, an. Ich hatte es einfach satt, ständig zu hören, dass man dem Verpackungsirrsinn hilflos ausgeliefert ist. Ich wollte nicht hinnehmen, dass die Verschwendung dieses Materials fast schon wie ein Naturgesetz betrachtet wurde.

»Da kann man halt nichts machen«, war einer der Sätze, die mich schon als Kind und Jugendliche immer maßlos aufgeregt hatten, wenn es darum ging, Veränderungen von unbefriedigenden Situationen herbeizuführen. Nur zu jammern, ohne einen Versuch zu machen, etwas zu verändern, war für mich immer schon undenkbar. Nachdem ich »Plastic Planet« gesehen hatte, war der Ärger über die Verschwendung von Kunststoff und die

Konsequenzen dieser Verschwendung für unsere Lebensgrundlagen besonders groß. Warum nahmen wir alle diese Zerstörung unserer Lebensgrundlagen inklusive möglicher direkter gesundheitlicher Gefahren tatenlos hin? Ich musste mir bei Diskussionen in der Familie und im Freundeskreis immer wieder klarmachen, dass ich selbst bisher auch nicht im Geringsten darüber nachgedacht hatte, dass Weichmacher und andere Inhaltsstoffe von Kunststoffen meiner Gesundheit schaden könnten und dass ich im Umgang mit Plastikverpackungen bisher die sachgemäße Trennung des Mülls auch immer für ausreichend gehalten hatte. Aber jedes einzelne dieser Gespräche war tatsächlich ein riesiger Ansporn, Plastik in jeder Form zu vermeiden, wo immer es nur möglich war.

Dabei mussten wir uns natürlich auch von Beginn an mit diversen Verpackungsalternativen auseinandersetzen: Papier, Glas, Metall, Stoff. »Hauptsache kein Plastik« war wirklich nur ganz zu Beginn des Experiments das Thema, denn schon nach wenigen Tagen drängten sich auch hier die ersten Sinnfragen auf. Mir wurde plötzlich bewusst, dass heutzutage jedes Glas mit Schraubverschluss ebenso einen Dichtungsring aus Kunststoff hat. Damit wären auf einen Schlag neben den Plastikverpackungen quasi auch alle Glasverpackungen weggefallen, zumindest wenn wir den Anspruch verfolgt hätten, Plastik zu hundert Prozent zu vermeiden. Nach einigen intensiven Diskussionen im Freundeskreis kristallisierte sich jedoch eine Lösung heraus. Meine Freundinnen Sabine und Nicole waren beide der Meinung, dass wir diese kleine Ausnahme einfach akzeptieren sollten, und auch Freunde, die anfangs zum Umstieg auf Getränke und Gemüse in Aludosen rieten, sahen schließlich ein, dass das nicht im Geiste unseres Experiments wäre.

Schließlich wollten wir ja in Bezug auf Umwelt- und Gesundheitsschutz etwas Sinnvolles tun. Und diesbezüglich war Einweg Alu wohl wirklich keine gute Idee – im Gegenteil: Gerade die extrem energieaufwendige Produktion von Aluminium, der dabei anfallende giftige Rotschlamm und auch potenzielle gesundheitlich bedenkliche Auswirkungen ließen in mir die Befürchtung aufkeimen, dass wir hier vom Regen in die Traufe kämen. Somit war die Diskussion um die Kronenkorken einerseits der Auslöser dafür, dass wir von Beginn an wussten, wir würden das »plastikfreie Experiment« nicht hundertprozentig schaffen. Aber auch ein wichtiger Anstoß dafür, über mögliche Alternativen zu Plastik ebenso kritisch nachzudenken wie über Kunststoff selbst.

Nach dem anfänglichen »Plastikvermeidungshype« beschäftigte ich mich daher zunehmend auch mit den Ökobilanzen, von Glasverpackungen, Papier und anderen Verpackungsmaterialien wie zum Beispiel dem damals vermehrt aufkommenden »abbaubaren Plastik« (irreführenderweise auch »Bioplastik« genannt).

Zugegebenermaßen freute ich mich aber zu Beginn unseres Experiments noch sehr, wenn ich bei der Obst- und Gemüseabteilung in manchen Supermärkten ein Papiersackerl entdeckte oder meine Rosinen und Trockenfrüchte im Bioladen in Papiersäckchen packen konnte.

Auch Glasflaschen jeglicher Art waren uns willkommen. Durch »Plastic Planet« war mir klar geworden, dass ich ohne chemische Analyse als Konsumentin keinerlei Chance hatte zu beurteilen, was alles in den jeweiligen Verpackungskunststoffen enthalten war, wie viel davon in Lebensmittel und Getränke überging und wie sich das auf unsere Gesundheit auswirkte.

Diese Tatsache war ja neben der Müll- und Ressourcenthematik auch ein sehr entscheidender Auslöser für unser Experiment gewesen: Ich wollte einfach kein Plastik mehr rund um unsere Lebensmittel und Getränke haben. Und somit war Glas, eines der ältesten Verpackungsmaterialien, für mich in Hinblick auf seine Eigenschaften jedenfalls die bessere Alternative. Es verhält sich neutral gegenüber dem Inhalt, nimmt keine Aromen wie zum Beispiel ätherische Öle auf und gibt keine Inhaltsstoffe an das jeweilige Lebensmittel ab. Da nahm ich das etwas höhere Gewicht und die Zerbrechlichkeit durchaus gerne in Kauf.

Für die Verwendung von Papiersackerln war mein Hauptargument, dass der verwendete Rohstoff ein nachwachsender war und auch die getrennte Sammlung und Wiederverwertung von Altpapier in Österreich relativ gut funktioniert. Als klassisches Einkaufssackerl benutzten wir zwar seit jeher am liebsten Stofftaschen, die man waschen und daher beinahe unendlich oft wiederverwenden konnte, doch bei vielen Lebensmitteln, die wir damals doch noch hauptsächlich im Supermarkt kauften, stiegen wir in dieser Zeit von Plastikverpackung auf Karton und Papier um.

Und auch ein weiteres Material, das ich im Zuge unseres Experiments kennengelernt hatte, schien zumindest teilweise ein Ausweg aus dem Plastikdilemma zu sein: Kunststoff aus nachwachsenden Rohstoffen wie Mais, Kartoffelstärke, Holz, Milchsäurebakterien usw., der noch dazu verrottbar war und unter dem wohlklingenden Namen »Bioplastik« gehandelt wurde.

Zu Beginn schien also alles relativ einfach zu sein. Der Umstieg von Plastik auf andere Materialien schien beim täglichen Einkauf prinzipiell möglich. Und dort, wo es noch nicht möglich war, bestand zumindest die Hoffnung, dass der Handel angesichts eines steigenden Drucks durch die Kundinnen und Kunden mit der Zeit auf Alternativen umsteigen würde.

Über die Gesamtökobilanz von Papier, Glas oder Bioplastik machte ich mir anfangs nicht allzu viele Gedanken, wurde jedoch bald durch immer wiederkehrende Kommentare und Meinungen auf meinem Blog »Keinheimfürplastik« darauf aufmerksam. Und auch die mögliche Schadstoffbelastung von Recyclingpapier war in diesem Zusammenhang immer wieder ein Thema. Relativ bald wurde mir auch klar, dass jedes Material seine Nachteile hatte und das Hauptproblem wohl darin lag, dass wir von fast allem zu viel verbrauchten. Und dieses »Zuviel« betraf bei Weitem nicht nur Verpackungsmaterial, sondern so gut wie jede Art des Konsums, von Gütern, Energie, ja sogar von Dienstleistungen. Besonders beschäftigte mich in diesem Zusammenhang die Tatsache, dass wir uns das alles offenbar leisten konnten, dass die Verschwendung zumindest oberflächlich betrachtet in vielen Bereichen sogar sehr günstig war und damit der Anreiz für Veränderungen relativ gering.

Und wie so oft führten mich die Probleme der Gegenwart zur Frage: Wie war das eigentlich früher, und was können wir daraus für die Zukunft lernen?

Was ist eigentlich Wohlstand?

Zum Wohlstandsbegriff gehört für mich, neben der grundlegenden Befriedigung von materiellen Bedürfnissen, vor allem »Wohlbefinden« und ausreichend Ruhe und Zeit für Erholung ganz essenziell. Und diese Aspekte haben sich parallel zur zunehmenden Verschwendungsgesellschaft in den letzten Jahrzehnten eher zurückentwickelt. Für mich waren und sind Erinnerungen an meine Kindheit immer wieder eine Bestätigung dafür, dass Wohlstand zumindest in meiner Definition nichts mit Verschwendung zu tun hat oder damit, von allem immer mehr und noch mehr zu verbrauchen. Ich möchte hier kein »Früher-war-alles-besser-Gejammer« anstimmen, es geht mir nur darum zu erklären, dass meine persönliche Einstellung zur Umwelt bereits in meiner Kindheit angelegt worden ist.

Mobilität

Ich bin ein Kind der 70er-Jahre. Ich wurde 1971 geboren, meine Schwester 1974, und wir lebten in meinen ersten sechs Lebensjahren in Gleisdorf, einer kleinen Stadt in der Oststeiermark, in einer sehr kleinen Wohnung, die zum Haus meiner Großeltern gehörte. Seit ich mich erinnern kann, hatten wir ein Auto In den frühen 70er-Jahren gab es eine Ölpreiskrise, die dazu führte, dass ebenso wie in Deutschland für eine gewisse Zeit ein autofreier Tag pro Woche eingeführt wurde. Da fuhr man dann eben mit dem Fahrrad. Im Winter erhielten wir Kinder in Österreich eine zusätzliche Ferienwoche, um in den Schulen Heizöl zu sparen, man nannte sie dem Anlass entsprechend »Energieferien«. Als der Anlass schließlich wegfiel, blieben die Ferien und wurden in Semesterferien umbenannt.

In Gleisdorf konnten wir alle Wege, ob zur Schule, zum Einkaufen, zum Ballett- oder Klavierunterricht zu Fuß oder mit dem Fahrrad gut bewältigen. Meine Eltern hatten zwar ein Auto, aber das wurde normalerweise nur für längere Strecken verwendet, denn »Benzinsparen« war nicht primär ein Akt des Umweltschutzes, sondern hatte in erster Linie finanzielle Gründe.

Tanken war teuer. Ich kann mich jedenfalls nicht erinnern, dass unsere Eltern uns im Normalfall extra irgendwo hingebracht oder abgeholt hätten.

Urlaub machten wir in den ersten Jahren, an die ich mich erinnern kann, entweder zu Hause oder bei Verwandten in Kärnten am Wörthersee. Und ansonsten hatten meine Schwester und ich eine Saisonkarte für das Gleisdorfer Wellenbad und verbrachten dort, wenn das Wetter schön war, jede freie Minute. Wir waren nicht etwa arm, sondern diese Art, die Ferien zu verbringen, war damals der Normalfall.

Medien und Technik

Kurz bevor ich in die Schule kam, zogen wir in ein eigenes Haus, das meine Eltern mit sehr viel Eigenleistung gebaut hatten. Die Möbel hatten wir aus der alten Wohnung mitgenommen, nur die Küche war neu. Zu Beginn hatten wir noch kein Telefon und gingen bei Bedarf zur Nachbarin, um nach einem mit ihr vereinbarten Minutenpreis zu telefonieren. Später bekamen wir dann ein Telefon mit einem »halben Anschluss«, was bedeutete, dass man mit den Nachbarn einen Anschluss nutzte und eben nur dann telefonieren konnte, wenn die andere Partei gerade nicht telefonierte. Dadurch kostete die Grundgebühr nur die Hälfte. Aber wir hatten sogar schon einen kleinen Schwarz-Weiß-Fernsehapparat – das war damals noch absolut nicht selbstverständlich.

Wenn ein Gerät kaputt wurde, reparierte es entweder mein Papa selbst, oder er brachte es zur Reparatur. Und die allermeisten Geräte konnten im Gegensatz zu heute auch noch repariert werden. Beim Einkauf von Gebrauchsgegenständen und

Geräten war Qualität, Haltbarkeit und das Vorhandensein von Ersatzteilen ein wichtiges Kriterium.

Bücher jedoch spielten in meiner Kindheit und Jugend eine große Rolle. Ich liebte Bücher und las für mein Leben gerne schon in der Volksschulzeit oft bis spät in die Nacht, doch ich besaß nicht sehr viele eigene Bücher. Wir waren ja bei der städtischen Bücherei in Gleisdorf angemeldet, und ich war so gut wie jede Woche mit meiner Schwester dort, um mir neue Bücher auszuleihen. So konnte ich meinen großen Lesehunger jedenfalls einigermaßen stillen, ohne Unmengen an Büchern zu Hause anzuhäufen. Und wenn mir ein Buch einmal nicht gefiel, war es auch kein Problem, es nach einer Woche ungelesen wieder zurückzubringen. Das Schöne an der Bücherei war auch, dass wir Kinder schon sehr früh alleine dorthin gehen durften und sie uns eine riesige Vielfalt an Lesestoff eröffnete, die uns sonst nicht zugängig gewesen wäre. Das Leihen und Wieder-Zurückbringen war zudem etwas, was mich schon als Kind ansprach, und vor allem auch das Aufpassen auf die Bücher, die mir nicht gehörten und an denen auch andere Menschen noch genauso viel Freude haben sollten wie ich.

Kleidung

Wie damals üblich hatten meine Schwester Kerstin und ich als Kinder noch sehr viel selbst gemachte Kleidung, vor allem, weil die Mutter meines Vaters sehr gut nähen und stricken konnte. Neue Kleidungsstücke gab es bei uns hauptsächlich zu speziellen Anlässen wie Geburtstag oder Weihnachten, ansonsten bekamen wir von Kindern aus der Verwandtschaft auch immer wieder gebrauchte Kleider. Die neu gekauften Teile waren immer für die Schule reserviert, und für uns war es als Kinder völlig normal, sich nach der Schule umzuziehen und das »schöne Gewand« gegen Gartensachen zu tauschen. Mein Vater, der selbst Lehrer war, machte es im Übrigen ebenso. Ich kann es natürlich nicht mehr genau sagen, aber ich denke, dass ich im Vergleich zu meinen Kindern maximal die Hälfte an Kleidungsstücken besaß. Dafür hatten speziell die neuen Kleider teilweise auch eine ganz besondere Bedeutung für mich.

Meine Mutter nähte zwar nicht gerne, dennoch war es selbstverständlich, dass sie kaputte Socken oder Strumpfhosen stopfte und Flicken über aufgerissene Knie von Kinderjeans nähte. Soweit ich mich erinnere, wurde in meiner Kindheit jedes Kleidungsstück entweder getragen, bis es wirklich zu klein oder tatsächlich nicht mehr zu reparieren war. Zu klein gewordene Kleidung gaben wir weiter. Ich kann mich nicht erinnern, dass wir jemals noch intakte Kleidung in Säcke packten, um sie in Altkleidercontainer zu werfen, geschweige denn im Restmüll zu entsorgen. »Billigkleidung« wie das Drei-Euro-T-Shirt gab es damals nicht.

Für mich war als Kind jedes Kleidungsstück wertvoll – vor allem in den seltenen Fällen, wo ich tatsächlich etwas Neues bekam. Und daher passierte es uns auch so gut wie nie, dass Kleidung verloren ging, denn, wenn ich tatsächlich einmal irgendein Kleidungsstück in der Schule oder im Turnsaal vergessen hatte, war es selbstverständlich, dass ich versuchte, es so schnell wie möglich wiederzubekommen. Bei uns war es einfach noch so, dass wir im Prinzip jedes Kleidungsstück, das wir besaßen, auch wirklich brauchten und sicher nicht einfach etwas Neues bekommen hätten, wenn wir Kleidung verloren oder irgendwo vergessen hätten.

Lebensmittel

Gekocht wurde bei uns entweder frisch oder am Vorabend. Mein Vater war Lehrer, und meine Mutter, die halbtags erwerbstätig war, richtete sich danach, wann wir alle von der Schule nach Hause kamen. Fertiggerichte gab es in meiner Kindheit nicht. Wenn es schnell gehen musste, machte Mama einfache Gerichte wie Erdäpfel mit Butter und Salat dazu oder Polentasterz, eine steirische Spezialität aus Maisgries mit Milch oder Kaiserschmarrn mit Apfelmus. Aber normalerweise gab es Suppe und Hauptspeise. Wenn etwas übrig blieb, gab es am nächsten Tag »Restlessen«. Fleisch kam normalerweise nur am Wochenende auf den Tisch, und hin und wieder holte mein Vater dann am Sonntag auch ein Backhendl vom Gasthaus. Gemüse und Obst kam saisonabhängig meist aus dem Garten oder Vorratskeller meiner Oma, und hin und wieder gab es auch schon Bananen oder Orangen. Irgendwann, als ich schon ein bisschen älter war, kamen auch Kiwis in die Läden. Exotische Früchte waren bis weit in die 1980er-Jahre noch nicht selbstverständlich in den Geschäften zu finden, die Handelslogistik war einfach noch nicht ausgereift für verderbliche Ware und große Distanzen.

Softdrinks und sonstige zuckerhaltige Getränke spielten während meiner Schulzeit eine untergeordnete Rolle. Es gab natürlich immer Wasser zu trinken. Leitungswasser, wie überall in Österreich, Deutschland und der Schweiz in einwandfreier Trinkwasserqualität. Mein Vater hatte bezüglich Softdrinks eine ganz klare Linie: »Das ist ungesund!«, deshalb gab es solche Dinge normalerweise eigentlich nur im Gasthaus, also wirklich sehr selten.

Zusätzlich gab es damals in den Schulen die sogenannte Schulmilchaktion, bei der man Milch, Kakao und Joghurtmixgetränke in Tetrapaks bestellen konnte. Getränkeautomaten mit Softdrinks und Eistee gab es in meiner Schule nicht. Zu Hause gab es immer wieder selbst gemachten Ribisel- (Johannisbeer-) oder Himbeersaft von Oma und hin und wieder Apfelsaft vom Bauernhof. Abgesehen davon, war es auch nicht üblich, immer und überall Getränke zu sich zu nehmen, man musste manchmal ein wenig warten – dennoch war ich in meiner Kindheit sicher niemals dehydriert.

Mir wurde Wasser als kostbares Gut vermittelt:. Wenn meine Schwester und ich zum Beispiel beim Zähneputzen das Wasser rinnen ließen, kam von meinem Vater sofort der Hinweis, dass das Verschwendung sei.

Spielzeug

Bezüglich Spielzeug war auch meine Kindheit durchaus schon von Überfluss geprägt, wir bekamen es von Großeltern und anderen Verwandten zu allen möglichen Anlässen geschenkt. Das hatte auch damals schon zur Folge, dass manche Spielsachen nach ein- oder zweimaligem Gebrauch eigentlich nur mehr herumlagen. Ich lernte aber auch das genaue Gegenteil kennen, wenn wir bei Oma zu Besuch waren oder im Sommer dort einige Wochen verbrachten. Dort gab es im Wesentlichen nur das alte Lego meiner Tante, ein paar Brett- und Kartenspiele und einige ihrer alten Kinderbücher. Wir brauchten auch gar nicht viel, da wir die Tage fast ausschließlich im Garten, im Wald, am Bach oder im Schwimmbad verbrachten und meine Oma noch dazu Hasen hatte, mit denen wir uns stundenlang beschäftigen konnten. Diese »reduzierten« Sommerwochen bei Oma und Opa gehörten wohl zu den schönsten und »reichsten« meiner Kindheit. Der Hügel hinter dem Haus der Großeltern war eine bunte

Blumenwiese, wie man sie heute kaum mehr findet. Unglaublich bunt, voller verschiedenster Blumen, Kräuter und Insekten, Schmetterlinge, Hummeln. Am Abend konnte man immer wieder Igel beobachten und manchmal auch Feldhasen. Rückblickend war es eine Idylle, fast zu schön, um wahr zu sein. Oben am Hügel standen in einem Kreis viele alte Bäume rund um eine wunderschöne Wiese, und wir spielten oft stundenlang an diesem Ort, sammelten Blätter, Steine, Schneckenhäuser, beobachteten Vögel beim Nestbau oder Füttern der Jungen und brachten am Rückweg fast immer einen kleinen Blumenstrauß für Oma von der Wiese mit. Und auch wenn sie sich immer freute, dass wir an sie gedacht hatten, sagte sie spätestens beim zweiten Strauß: »Sie sind wunderschön, aber wisst ihr Kinder, am schönsten sind die Blumen, wenn sie auf der Wiese bleiben.«

Dieser Ort war, im Nachhinein betrachtet, wohl einer der wichtigsten für das, was ich heute unter Bildung verstehe. Denn nirgends sonst habe ich mich als Kind so sehr mit der Natur verbunden gefühlt, so deutlich gespürt, dass ich ein Teil von ihr bin und daher auch von ihr abhängig. Ich bin überzeugt davon, dass das sehr entscheidend dafür war, dass ich Empathie für alle Lebewesen und die Liebe zu allem Lebendigen entwickelt habe. Und letztlich wohl auch dafür, dass ich mich immer schon gegen Zerstörung und Ausbeutung der Natur engagiert habe.

Umweltschutz

Auch wenn das bis jetzt fast so klingt, war die »Umwelt« auch in den 70er- und 80er-Jahren natürlich keineswegs unversehrt. Mülldeponien waren überall zu sehen, bei Mülltrennung und Recycling stand man noch ganz am Anfang, und viele Flüsse waren mangels Kläranlagen durch industrielle Abwässer braune Brühen, teilweise trugen sie Schaumkronen, und der »saure Regen« (Schwefelrückstände durch Auto- und Industrieabgase) bedrohte die Waldbestände. Das alles machte mich auch als Kind schon sehr besorgt, doch für viele dieser Probleme wurden im Laufe der Jahre durch technischen Fortschritt und entsprechende politische Entscheidungen Lösungen gefunden. Dadurch konnten negative Entwicklungen aufgehalten oder teilweise sogar rückgängig gemacht werden. Zumindest bei uns in Österreich und in ähnlich entwickelten Staaten in Europa.

Ich würde rückblickend immer sagen, dass meine Kindheit und Jugend durchaus von sehr hohem Wohlstand geprägt war. Es ging uns gut. Wir hatten alles, was wir brauchten, und teilweise auch schon mehr, aber wir waren noch weit von der Dimension der Wegwerfgesellschaft entfernt, die sich in den folgenden Jahrzehnten entwickeln sollte. Ich gehöre zu einer Generation, in der Sparsamkeit und der sorgsame Umgang mit allen Gütern selbstverständlich zur Erziehung gehörte. Diese Sparsamkeit im Umgang mit Nahrungsmitteln, Kleidung, Strom, Wasser, Treibstoff, Putzmitteln oder Gebrauchsgegenständen war kein Geiz, sondern etwas Positives.

Immer wenn ich in den letzten Jahren über Wohlstand nachgedacht habe, wurde mir klar, dass wir eine Entkoppelung von Wohlstand und Verschwendung schaffen müssen. Und parallel dazu eine Entkoppelung von Wohlstand, Zeitnot, Stress und Hektik, denn das hat alles auch miteinander zu tun. Auch ich selbst kenne das Phänomen des Zeitmangels und seiner Folgen nur allzu gut: Fast-Food-Essen in der Stadt, »Coffee to go« am Weg zum nächsten Termin, ein Fünf-Minuten-Kleiderkauf auf dem Heimweg als »Belohnung« für einen Tag, an dem ich keine fünf Minuten für mich selbst hatte, schnell noch mit dem Auto etwas holen, weil man es im Stress vergessen hat ... Sind das nicht eher Auswüchse, die echten Wohlstand und ein glückliches, gesundes Leben verhindern? Stecken dahinter wirklich echte menschliche Bedürfnisse, oder sind es nicht vielmehr Ersatzbefriedigungen, die uns darüber hinwegtäuschen, dass wir essenzielle Dinge in unserem Leben vermissen? Und wenn es so ist: Wer oder was ist eigentlich für all das verantwortlich? Und wie könnte man aus dieser Schleife ausbrechen, um »echten Wohlstand« zu erlangen?

Diese und ähnliche Fragen habe ich mir seit Beginn unseres »plastikfreien Experiments« in den letzten zehn Jahren immer und immer wieder gestellt. Und einige Antworten habe ich zumindest für mich selbst auch gefunden, allerdings

Wo fängt Verschwendung an?

Über die Jahre bin ich insgesamt ständig sensibler für Verschwendung geworden. Ich bin mir inzwischen ganz sicher, dass wir Menschen eigentlich nicht verschwenden wollen, abgesehen davon, dass es (rein evolutionär betrachtet) völlig widersinnig wäre, wenn uns die Verschwendung per se Spaß machen würde. Auch mein intensiver, jahrelanger Austausch mit unzähligen Menschen bestärkt mich in dieser Einschätzung: Ich habe in all den Jahren nie jemanden kennengelernt, der sich für den weiteren verschwenderischen Umgang mit Kunststoffen oder sonstigen Materialien (oder Energieträgern) ausgesprochen hat. Hingegen hatte ich laufend Begegnungen mit Menschen, die persönlich alles Mögliche versuchten, um dagegen anzukämpfen, und oftmals sehr mit sich gerungen und gehadert haben, wenn ihnen das nicht in jedem Fall gelungen ist.

Schon zu Beginn unseres Plastikexperiments haben wir bei schwierigen Fragen immer wieder überlegt, wie die Menschen früher damit umgegangen sind. Das hat uns oftmals zu sehr einfachen Lösungen geführt oder dazu, dass sich gewisse Produkte einfach als überflüssig erwiesen haben. So habe ich zum Beispiel Küchenrollen und Abschminkpads einfach von unseren Einkaufslisten gestrichen und durch waschbare Tücher aus alten Stoffstücken, Handtüchern oder Spannleintüchern ersetzt. Aber auch im Putzmittel- und Hygienebereich haben wir sehr viele Produkte ersatzlos gestrichen: So gibt es seit Jahren keine WC-Steine oder Fluides mehr in unserem Haushalt und so gut wie keine herkömmlichen Putzmittel. Beim Nachdenken über frühere Zeiten sind mir aber vor allem auch immer wieder Begebenheiten eingefallen, die ich als Kind selbst erlebt hatte und die im Nachhinein sehr beeindruckend für mich aufzeigten, wie sparsam noch meine Großelterngeneration mit jeglichem Material umgegangen ist.

Meine Oma hatte neben einem riesigen Garten, der definitiv vom Vorziehen der ersten Pflänzchen ab Februar bis zum Verarbeiten der letzten Gemüseernten im November und Dezember im Grunde ihr Beruf war, auch eine absolut disziplinierte Vorratshaltung. Sowohl in der Speisekammer als auch im Kühlschrank wurden sämtliche Lebensmittel so gelagert, dass ganz klar war, was als Nächstes zu verbrauchen war. Es war ein absolutes No-Go, sich aus den hinteren Bereichen etwas hervorzuholen, da war sie wirklich streng. Folglich gab es schlichtweg keine Lebensmittel, die weggeworfen wurden, und auch in Sachen Ressourcenschonung war meine Oma schon damals ein Vorbild.

Wenn sie zum Einkaufen in den Ort ging, hatte sie prinzipiell immer einen Einkaufskorb dabei und für den Einkauf von Käse und Wurst ganz selbstverständlich ihre Tupperdosen. Das war gar nichts Besonderes, denn viele Leute gingen in dem kleinen Ort damals auf diese Art und Weise einkaufen, »hygienische Bedenken«, die heute oftmals als Verhinderungsgrund für diese Art des Einkaufens angeführt werden, hatte damals offenbar niemand.

Es gab ja in den 70er- und 80er-Jahren durchaus schon Plastiksackerl, wenn auch nicht in diesem Übermaß, wie wir es heutzutage kennen. Gerade diese waren für meine Oma offenbar ein besonderes Luxusgut, denn in ihrer Speisekammer hatte sie auch damals schon einige, wenige Plastiksackerl, immer sorgfältig zusammengelegt, und ein paar Papiersackerl. Wenn sie im kleinen Geschäft im Ort dann Gemüse oder Salat eingekauft hatte, das vielleicht noch etwas nass war, wurde es ins Plastiksackerl verpackt und zu Hause rasch wieder im entsprechenden Fach in der Speisekammer verstaut. Danach wurde das Sackerl fein säuberlich ausgewaschen, umgedreht, abgetrocknet und zum endgültigen Trocknen noch aufgehängt. Damals hat mich das nicht sonderlich beeindruckt, es war halt einfach so. Weggeworfen wurden diese Sackerl erst, wenn sie wirklich kaputt waren, was jedoch selten der Fall war. Erst als ich Jahrzehnte später zu Beginn unseres Experiments beim Ausmisten unserer Plastiksachen auf meine Plastiksackerl-sammlung stieß, wurde mir mit einem Schlag bewusst, wie sehr sich die Zeiten verändert hatten. Was mich mit meiner Oma verband, war die Tatsache, dass auch ich Sackerln jeglicher Art eigentlich nicht wegwerfen konnte, doch der riesengroße Unterschied war einfach die Menge. In unserer Abstellkammer waren damals fast hundert Plastiksackerln und rund halb so viele aus Papier. Und das waren nur ein kleiner Anteil derer, die ich in den letzten ein bis zwei Jahren bekommen hatte! Viele hatte ich inzwischen als Müllsäcke verwendet oder zwischendurch einfach im Verpackungsmüll entsorgt, weil es sonst viel zu viele geworden waren.

Während meine Oma durch ihren Umgang mit dem Material noch eine ganz klare Strategie der Sparsamkeit und des achtsamen Umgangs verfolgte, war ich schon vom Überfluss überrollt worden. Oder vielmehr hatte ich zugelassen, dass das passiert.

Warum hat sich das eigentlich so verändert? Haben wirklich die Menschen plötzlich einfach und grundlos Lust auf Verschwendung bekommen? Oder steckt da am Ende doch was anderes dahinter? Wie und wieso ist es dazu gekommen, dass wir von einem eigentlich sinnvollen Umgang mit Sackerln und Verpackungen auf einen Verbrauch in Österreich von nahezu einer halben Milliarde Einwegsackerln (alle Materialien zusammengerechnet) pro Jahr gekommen sind? Und alleine rund 60 Plastiksackerln pro Person und Jahr? Haben wir das wirklich gewollt?

Auf der Suche nach Antworten auf Fragen wie diese packt mich regelmäßig die Wut und manchmal auch der Frust. Wie oft habe ich in den letzten Jahren auf meine Fragen »Warum gibt es bei Euch kein Mineralwasser in Pfandflaschen? Warum ist der Salat extra in Plastik verpackt? Warum schält ihr Obst ab, schneidet es in Stücke und verpackt es dann in Plastikboxen? Warum gibt es eigentlich keine Milch in Pfandglas mehr?« gehört: »Die Kunden wollen das so?« oder: »Die Kunden wollten das nicht mehr!« Und jedes Mal habe ich mich als Mensch und auch als Kundin nicht ernst genommen gefühlt. Bin ich etwa Kundin zweiter Klasse? Wenn ich dann regelmäßig frage: »Und was ist mit mir? Bin ich etwa keine Kundin? Und ich will das doch, und ich weiß auch, dass es andere auch wollen würden …!«, herrscht jedes Mal Ratlosigkeit beim Verkaufspersonal. Mir tun die Verkäuferinnen und Verkäufer leid, sie können ja nichts dafür und haben sich eben genau so wie ich bis vor nicht allzu langer Zeit an die Abläufe gewöhnt.

Eines ist mir im Lauf der Zeit und durch die vielen unbeantworteten Fragen immer bewusster geworden: Der verschwenderische Umgang mit Materialien jeglicher Art ist nicht die Erfindung der »Konsumentinnen und Konsumenten«. Die Kundinnen haben ganz sicher nicht Wegwerfverpackungen für Milch und Getränke gefordert, bevor irgendjemand auf die Idee gekommen war, genau das einmal anzubieten. Und auch abgeschältes Obst in Plastikschalen ist sicher nicht den zahlreichen Kundenwünschen geschuldet. Nach vielen Gesprächen mit meiner Oma und auch anderen Menschen aus ihrer Generation kann ich auch festhalten, dass nicht einmal die Gratisplastiksackerln aufgrund irgendeines Bedürfnisses der Kundinnen und Kunden immer mehr geworden waren. Sie waren eines Tages einfach da.

Dass wir nun in dieser unsäglichen Verschwendungskultur gelandet sind, hat wohl mit weitaus mehr Faktoren zu tun als mit der Entscheidung der Einzelnen. Denn logischerweise erfordert die Betreuung von Mehrwegsystemen und direkte Bedienung und Kontakt mit Kundinnen mehr Personal, und das schmälert die Gewinne der Handelsriesen, während die Entsorgung von Einwegverpackungen, sobald das Produkt einmal bezahlt ist, keinen Aufwand für den Handel mehr bedeutet. Auch die Verpackungsindustrie dürfte durchaus zufrieden mit der Entwicklung hin zu Einwegverpackungen sein. Es steckte also wohl eindeutig auch ein Interesse derer, die an der Verschwendung verdienten, hinter der Tatsache, dass Mehrwegsysteme praktisch aus den Supermärkten verschwunden sind und Selbstbedienung mit all ihren Notwendigkeiten immer mehr zur Normalität geworden ist. Der stets vorgeschobene Kundenwunsch sowie die Hygienevorschriften erschien mir diesbezüglich immer mehr als Scheinheiligkeit oder jedenfalls in erster Linie als Folge und nicht als Ursache dieser Entwicklung. Über die Jahre hatte wohl so was wie ein »negativer Erziehungseffekt« stattgefunden. Gewohnheiten und Bequemlichkeiten wurden etabliert und letztlich aufgrund der Interessenslage von Handel und Industrie und unzureichender gesetzlicher Vorgaben ein bis dahin zumindest in Österreich gut funktionierendes Mehrwegsystem sukzessive kaputt gemacht. Immerhin betrug die Mehrwegquote im Getränkesektor bis zu Beginn der 90er-Jahre noch mehr als 80 Prozent und ist mittlerweile auf rund 20 Prozent gesunken.

Wenn Österreich nicht eine derartig unverwüstliche Bierkultur hätte, in der die 0,5-Liter-Glaspfandflasche immer noch absolut dominiert, wäre die Mehrwegquote inzwischen hierzulande wohl schon im einstelligen Bereich gelandet. In diesem Zusammenhang fallen mir immer wieder diverse Diskussionen mit Menschen ein, die gerne Mehrwegangebote hätten und ohne Verschwendung von Material und Energie ihren Alltag bestreiten würden. Ob in den Schöpfungsverantwortungsgruppen, in der »Zero Waste«-Szene oder einfach in meinem Freundeskreis – ich treffe immer wieder auf das Phänomen, dass die Bemühungen der einzelnen Menschen durch politische und wirtschaftliche Rahmenbedingungen ad absurdum geführt oder jedenfalls massiv erschwert werden.

Waren die Dinge früher einfach besser?

Als wir im Jahr 2001 in unser jetziges Haus gezogen waren, konnten die Freundinnen und Freunde, die uns damals beim Umzug geholfen hatten, einen lebhaften Eindruck von unserer Sammelleidenschaft und dem Hang zu »alten Dingen« gewinnen. Nicht nur, dass unser »neues Haus« wirklich schon alt war, nämlich circa 150 Jahre. Wir hatten auch eine Unmenge an alten Möbeln, die wir bisher im Dachboden und Keller unseres alten Hauses gehortet hatten. Alles für den Fall, dass wir einmal in ein größeres Haus ziehen würden. Das meiste waren echte Erbstücke aus der Familie, die natürlich teilweise auch entsprechend altmodisch waren, aber im Gegensatz zu vielen modernen Möbeln allesamt aus Vollholz und entsprechend stabil und schwer. Und das war auch der Grund dafür, dass wir sie bisher nicht entsorgt hatten: Die Qualität war einfach beeindruckend. Die Träger litten natürlich enorm wegen des beträchtlichen Gewichts dieser nicht zerlegbaren Teile. Einige unserer Freunde waren der Meinung, dass die Möbel genauso im Schweinestall verstauben würden, wie sie es zuvor im Dachboden oder Keller unseres alten Hauses getan hatten, andere machten sich doch auch darüber Gedanken, warum diese Möbel nach 50 bis 80 Jahren noch immer in besserem Zustand waren, als die maximal fünf bis sechs Jahre alten Billigmöbel, von denen wir natürlich auch ein paar besaßen. Und als erst die schöne, alte Küchenkredenz in unserem Esszimmer aufgestellt war, gab es erste Stimmen, die doch auch lobende Worte für die alten Stücke fanden.

Was ist normal?

Ich habe mich selber immer wieder gefragt, wieso ich gewisse Dinge einfach nicht wegwerfen konnte und sich dadurch bei uns im Laufe der Jahre einfach unglaublich viel angesammelt hatte.

In manchen Fällen, wie zum Beispiel bei Geschenkpapier, war es ja irgendwie nachvollziehbar. Wenn es beim Öffnen nicht stark zerrissen wird, kann man es meist sehr gut noch einmal verwenden. Das ist schlicht und einfach sparsam. Abgesehen davon, dass ich es einfach nicht übers Herz bringe, teilweise sehr aufwendig gestaltetes und sicher auch teures Papier einfach zu entsorgen. Und so hatten wir immerhin für alle erdenklichen Anlässe immer Geschenkpapier zu Hause und mussten nur sehr selten Geld dafür ausgeben. Hin und wieder entstanden zwar leicht peinliche Situationen, wenn irgendjemand das Geschenkpapier wieder zurückgeschenkt bekam, aber es nahm uns zumindest meines Wissens nie jemand übel. Und spätestens nach Beginn des Plastikexperiments war es ohnehin allen klar, dass gebrauchtes Geschenkpapier bei uns eigentlich schon die Luxusvariante war, denn normalerweise verpackten wir Geschenke seither überwiegend in altes Zeitungspapier – was übrigens wirklich wunderschön aussehen kann.

Besonders auffällige gebrauchte Glasflaschen und sonstige Gläser hatten es mir immer schon angetan. Glas war für mich seit jeher ein hochwertiges und schönes Material, und besonders schöne Flaschen bewahrte ich auf, weil ich fest davon überzeugt war, dass ich sie eines Tages wieder befüllen und verschenken oder selbst wiederverwenden würde. Doch leider passierte das nie. Hin und wieder benutzte ich eine der Flaschen als Vase für einzelne Blumen, aber das war's dann auch schon. So wurde meiner Glasflaschensammlung durch Peter immer wieder ein jähes Ende bereitet, wenn sie drohte, die ganze Speisekammer zu füllen, sodass er kaum mehr einen Schritt hineinsetzen konnte. Irgendwie fühlte ich mich dann auch oft ziemlich erleichtert, wenn Peter wieder einmal eine ganze Fuhre Glasflaschen zum Altglascontainer gebracht hatte, dann allerdings begann das ganze Spiel wieder von vorne. Jedenfalls wurde mir im Laufe der Zeit bewusst, dass ich mich weitaus wohler fühlen würde, wenn ich wüsste, dass all diese schönen Flaschen so oft wie möglich wieder befüllt und verwendet würden. Somit hatte ich durch meinen persönlichen Bezug zu schönen Gasflaschen rückblickend betrachtet bereits einen emotionalen Zusammenhang zwischen Mehrwegsystemen, Wohlfühlen und einer modernen Definition von Wohlstand hergestellt.

Ganz ähnlich war es im Übrigen mit den alten Kleidungsstücken. Ich hatte immer wieder einmal versucht, mir aus den alten Teilen etwas Neues zu nähen. Und obwohl ich keinerlei Nähausbildung genossen hatte, waren manche meiner Versuche sogar erfolgreich, und ich konnte die Kleidungsstücke tatsächlich auch tragen. Doch blöderweise sammelten sich immer mehr Kleidungsstücke an, und auch hier kamen dann noch zahlreiche Kleiderspenden von wohlmeinenden Freundinnen und Verwandten dazu.

»Spielzeugverschwendung!«

Wie bereits erwähnt, war auch in meiner Kindheit Spielzeug bereits im Überfluss vorhanden, sodass auch meine Schwester Kerstin und ich ständig Diskussionen mit unseren Eltern darüber führten, ob wir noch mehr bräuchten und wie viel davon eigentlich ungenutzt in unseren Zimmern herumlag oder wer dafür zuständig war, es auszumisten oder wegzuräumen. Und wie bereits erwähnt, kamen wir in den Sommerwochen bei meiner Oma stets mit sehr viel weniger aus.

Wenn ich hingegen die Lego-Laufbahn meiner eigenen Kinder betrachte, muss ich feststellen, dass sie dieses einfache kreative Bauen, eigentlich nur mit der Kleinkinderversion von Lego (Duplo) erlebt haben. Da gab es nämlich auch dreißig Jahre später noch einfache Bausteine. Mit den Fertigbausätzen für diverse Raumfahrzeuge, Schiffe, Autos usw. spielten sie nach dem Zusammenbauen allerdings kaum mehr, sie lagen meist in irgendwelchen Ecken herum und wurden auch, wenn sie auseinanderbrachen, kaum mehr ein zweites Mal zusammengebaut. Dafür spielten alle drei Kinder zumindest bis zum Ende des Volksschulalters auch immer wieder gerne mit den großen Duplo-Steinen. Eigentlich hatte ich immer versucht, darauf zu achten, dass unsere Kinder nicht zu viel Spielzeug bekamen, denn wie viele Eltern hatte auch ich die Erfahrung gemacht, dass die Kinder eigentlich am liebsten mit Alltagsgegenständen spielten, und sobald sie ins Freie konnten, waren sie ohnehin mit einem Fußball oder der Natur ausreichend beschäftigt. Doch natürlich äußerten die Kinder immer wieder konkrete Wünsche nach Spielzeug, und dann versuchten wir, es nach Möglichkeit gebraucht zu erstehen oder im besten Fall zu tauschen, um im Gegenzug auch wieder etwas loszuwerden. So bekamen wir zum Beispiel den Playmobil-Zirkus, den sich Marlene gewünscht hatte, bei einer Arbeitskollegin von Peter, die dafür einige von Samuels Fantasy-Büchern für ihren Sohn bekam. Über die Jahre waren jedoch meine Bestrebungen, Spielzeug zu »beschränken«, letztlich doch ziemlich gescheitert. Erst zu Beginn unseres Experiments war es gelungen, auch den Verwandten und im Freundeskreis einigermaßen klarzumachen, dass zumindest *Plastik*spielzeug nun wirklich nicht mehr erwünscht war. Dennoch hatten wir immer wieder ganz ähnliche Diskussionen, wie ich sie aus meiner Kindheit kannte – nur dass unsere Kinder eben doch noch viel mehr Zeug hatten. Vorwiegend ging es darum, dass ich die Unordnung und die Mengen an Spielzeug, das in den Kinderzimmern am Boden und unter den Betten, aber auch in unserem Wohnbereich verstreut war, einfach nicht mehr akzeptieren konnte.

Wenn es mir wirklich zu bunt wurde, stieß ich auch immer wieder die Drohung aus, »das ganze Zeug aus dem Fenster zu werfen«, was angesichts der Tatsache, dass wir ebenerdig wohnten, im Grunde keine gefährliche Drohung war, aber die Kinder dennoch meist zumindest kurzfristig beeindruckte. Doch wie es mit Drohungen, die man nie wahr macht, eben so ist – irgendwann funktionierte auch das nicht mehr. Und so kam es, dass ich eines Tages im Zuge eines veritablen Wutanfalls nach stundenlangen Diskussionen tatsächlich ernst machte.

»Letzte Warnung, sonst schmeiß ich alles, was am Boden liegt, aus dem Fenster!« rief ich, nachdem sich die Kinder bereits seit Tagen erfolgreich vor dem Wegräumen gedrückt hatten und in beiden Kinderzimmern Chaos pur herrschte. Doch wie zu erwarten, blieb die Reaktion aus, und als Leonard schließlich auch noch rief: »Das machst du eh nicht!«, blieb mir einfach nichts anderes übrig. Ich öffnete das Fenster und begann ziemlich wahllos alles aus dem Fenster zu werfen, was mir zwischen die Hände kam: Playmobilteile, Matchbox-Autos, Puppenkleidung, alte Socken, CD-Hüllen, Bälle und vieles mehr. Samuel, Marlene und Leonard, die sich zu Beginn der Aktion gar nicht im Kinderzimmer aufgehalten hatten, stürmten ins Zimmer und begannen lautstark auf mich einzuschimpfen und mir die Dinge, die ich vom Boden aufhob, wieder aus den Händen zu reißen. Einmal in Fahrt, ließ ich mich allerdings nicht mehr so schnell von meinem Vorhaben abbringen. Samuel gab inzwischen Anweisungen an seine Geschwister: »Schnell, beeilt euch! Alles vom Boden weg!«, doch da ich auch dadurch noch nicht zu beschwichtigen war, hängte sich Leonard schließlich an meinen Arm und brüllte: »Mama, hör sofort auf! Das ist ja Spielzeugverschwendung!«

Ich war so baff, dass ich das Stück, das ich gerade aus dem Fenster werfen wollte, fallen ließ und unmittelbar in lautes Gelächter ausbrach. Die Kinder starrten mich verständnislos an, waren sich allerdings noch nicht ganz sicher, ob mein Wutanfall schon endgültig zu Ende war. Marlene und Leonard bemühten sich daher emsig, weiter aufzuräumen, während Samuel mit einem großen Sack nach draußen stürmte, um die bereits hinausgeworfenen Spielsachen wieder aus dem Blumenbeet vor dem Haus aufzuklauben.

Ich brauchte einige Zeit, um mich von meinem Ärger, aber auch von meinem unerwarteten Lachanfall zu erholen. In der darauffolgenden, längeren Familiendiskussion beschwerten sich die Kinder logischerweise massiv über mein unbeherrschtes Verhalten. Doch mir bot Leonards ungewollt witziger Spruch die perfekte Gelegenheit, mit den Kindern über ihren Umgang mit den Spielsachen zu sprechen.

An dem Tag als wir mit Werner Boote, dem Regisseur des Films »Plastic Planet«, damals unser gesamtes Plastikinventar zu Demonstrationszwecken vor das Haus räumten, waren die beiden älteren Kinder sogar so weit, dass sie eigentlich den Großteil des Spielzeugs gar nicht mehr in ihre Kinderzimmer zurückräumen wollten. Das meiste davon landete dann auch wirklich in unserem leer stehenden Stallgebäude und wurde bis auf gewisse Erinnerungsstücke nach und nach verschenkt oder teilweise verkauft. Nur Leonard, der zu dieser Zeit ja erst sieben Jahre alt war, bestand darauf, dass seine, damals fast neue Playmobil-Ritterburg wieder zurück ins Haus gebracht wurde.

Die Geschichte des Kinderspielzeugs von den alten Legosteinen meiner Tante über den durchaus schon beginnenden Überfluss in meiner Kindheit bis zu den schier erdrückenden Massen in den Zimmern unserer Kinder beschäftigte mich jedenfalls immer wieder. Das Ausräumen unseres Hauses im Zuge unseres Experiments hatte bei mir einen nachhaltigen Bewusstseinsprozess in Gang gesetzt. »Spielzeugverschwendung« war zwar nur ein kleiner Aspekt des Verschwendungsproblems, aber es erschien mir doch besonders absurd, dass wir schon unsere Kinder von klein auf förmlich in ein System hineinzogen, das ihnen Verschwendung und Überfluss als etwas Normales suggerierte. Und dieser Überfluss und auch die Qualität der Spielsachen hatte unter anderem auch zur Folge, dass die Kinder weitaus weniger darauf aufpassten und vieles sehr schnell kaputtging. Somit zog die Wegwerfspirale schon die Kleinsten in ihren Bann, und das erzeugte natürlich die Wegwerf-Erwachsenen von morgen. Das wollte ich jedenfalls ab einem gewissen Zeitpunkt nicht mehr unterstützen. Und so hatte unser Plastikverzicht tatsächlich auch schon bei den Kindern relativ gravierende Auswirkungen auf unser Konsumverhalten.

Verschwendungssensibilität

Meine Vorträge und Diskussionsrunden sind voll von Menschen, die gerne etwas verändern würden, was vielen auch gelingt. Oftmals scheitern sie aber auch an den »Gegebenheiten« und sind dann frustriert oder geben schließlich auf. Die »Normalität« des Verschwendens hat nämlich einen massiv systemerhaltenden Nebeneffekt. Sie zu überwinden kostet alle (oder zumindest die meisten) von uns im Alltag viel Energie. Wenn wir dagegen ankämpfen wollen, müssen wir jedenfalls mehr mitdenken, uns anstrengen, teilweise Mühsal, weitere Wege und Diskussionen auf uns nehmen und zu guter Letzt oft auch noch mehr Geld dafür ausgeben. Aber es gibt auch Bereiche, wo Verschwendung relativ einfach abzustellen und sogar noch mit einer deutlichen Kostenreduktion verbunden wäre (beispielsweise bei Kleidung, Spielzeug, Elektronik). In unserer Familie war die bewusste Plastikverweigerung auch der Auslöser für viele andere Veränderungen. Letztlich war vor allem der Zusammenhalt in der Familie und die gemeinsame Motivation, etwas zu verändern, entscheidend dafür, dass wir bis jetzt nie die Freude an der Veränderung verloren haben.

Doch durch ein ungeplantes Ereignis kam es zu einem weiteren Kapitel unserer stetigen Versuche, Verschwendung zu reduzieren. Und dieses sollte uns vor ganz neue Herausforderungen stellen.

Teil II: Experimente

Mobilität: ein halbes Auto
und der Weniger-ist-mehr-Urlaub

Wie viel Auto braucht man wirklich?

Mein Mann Peter hatte schon immer eine sehr kritische Einstellung zum Autofahren und war noch dazu passionierter Radfahrer – vor allem in der Stadt. Im Stau stehen und Parkplatz suchen nervten ihn einfach unglaublich. Abgesehen von diesen persönlichen Befindlichkeiten waren aber auch die starke Schadstoffbelastung (vor allem Feinstaub und Schwefeldioxid) in unserer Gegend und die sich laufend zuspitzende Klimakrise ein wichtiger Grund für Peter und mich, das Autofahren auf ein natürlich subjektives Mindestmaß zu beschränken.

Trotz alledem hatten wir bald nach der Geburt unseres jüngsten Sohnes ein damals fast neues sieben-sitziges Auto gekauft, das wir zwar so selten wie möglich, aber doch regelmäßig benutzten. Als wir einige Jahre zuvor den alten Bauernhof gekauft haben, in dem wir seither leben, war die Lage ein wichtiges Entscheidungskriterium gewesen. Wir wollten mit einem Auto auskommen und vor allem nach Graz, wo wir beide arbeiteten, prinzipiell nur mit Fahrrad und Zug fahren. Für den Arbeitsweg war unser Auto also nur in sehr seltenen Ausnahmefällen im Einsatz, doch vor allem die Freizeitaktivitäten der Kinder hatten mit zunehmendem Alter doch immer wieder Autofahrten in der näheren Umgebung zur Folge. Der Fußballplatz, auf dem zeitweise alle drei Kinder trainierten, war zum Glück ganz in unserer Nähe und zu Fuß in circa fünf Minuten erreichbar, diesen Weg konnten die Kinder also von Beginn an alleine bewältigen. Doch zwischenzeitliche andere sportliche Aktivitäten, wie Judo oder Ballett und vor allem der Musikunterricht, waren ohne Auto schwer erreichbar, da es von uns aus keine öffentliche Verbindung gab beziehungsweise die Strecke mit dem Fahrrad für Kinder alleine relativ gefährlich war.

Diese Wege absolvierten wir also doch jahrelang mit dem Auto, und diverse Versuche, wenigstens eine einigermaßen sinnvolle Abgleichung der drei Musikschultermine herzustellen, waren regelmäßig zum Scheitern verurteilt. Verschärft wurde die Situation dann noch dadurch, dass die Kinder teilweise auch noch zusätzlich Orchesterproben hatten, die prinzipiell immer am Abend stattfanden. Teilweise schafften wir es dann zwar doch, manche Unterrichtsstunden zu kombinieren oder beim Gruppenunterricht beziehungsweise der Orchesterstunde zumindest Fahrgemeinschaften zu organisieren, aber insgesamt blieb die Situation unbefriedigend.

Die Frage »Wie würden wir das nur machen, wenn wir kein Auto hätten?« diskutierten wir immer wieder ausführlich. Peter war der Meinung, dass wir viel zu viel mit dem Auto durch die Gegend kurvten, ich hingegen sah den Musikunterricht der Kinder und die Fahrten zu diversen Fußballspielen eben als unvermeidbar an und war subjektiv der Meinung, dass ich ohnehin schon alles tat, um diese Fahrten immer auch mit notwendigen Einkäufen und sonstigen Erledigungen zu kombinieren, damit dafür nicht wieder extra Kilometer anfielen.

Eine weitere Entwicklung heizte unsere Diskussionen über die möglichst sparsame Verwendung des Autos immer wieder an. Ursprünglich hatte ich ja zu Beginn unseres Experiments gedacht, dass das Interesse irgendwann abflauen würde, doch genau das Gegenteil war der Fall. Die mediale Berichterstattung über das Plastikthema nahm laufend zu, und damit auch Einladungen zu Vorträgen. Schon bevor mein Buch 2012 erschien, nahm meine Vortragstätigkeit teilweise ein Ausmaß an, das tatsächlich mit Beruf und Familie schon schwer zu vereinbaren war. Obwohl ich als Physiotherapeutin nur circa zwanzig Stunden pro Woche arbeitete, war ich oft fast die ganze Woche nicht zu Hause. Und wenn ich da war, verbrachte ich die meiste Zeit schreibend am Computer, beantwortete auch noch diverse Anfragen und vereinbarte Termine. Während die grundsätzlichen und faktischen Veränderungen unseres Einkaufs- und Konsumverhaltens in der Familie nach wie vor auf große Akzeptanz stießen, war meine intensive Zusatztätigkeit vor allem auch in Verbindung mit den ständigen Medienanfragen durchaus immer wieder einmal Anlass für kleinere Konflikte.

Mein Mann fand, ich sollte einfach nur dorthin fahren, wo man mit den öffentlichen Verkehrsmitteln hin- und wieder zurückkommt, weil es nicht glaubwürdig sei, wenn man über Plastikreduktion spricht und am Weg dorthin »das Erdöl direkt in die Luft bläst«. Peter traf damit einen wunden Punkt bei mir, denn es war es mir immer wichtig, alle Versuche, Verschwendung zu reduzieren, in einem sinnvollen Gesamtkontext zu betrachten. Hinzu kam mein Anspruch an mich selbst, dabei möglichst alles richtig zu machen.

Aber Peter ist in dieser Hinsicht gnadenlos: »Das machen diejenigen, die zu den Klimakonferenzen im Flugzeug anreisen auch immer so!« Ich war kurz sprachlos. Ist das wirklich vergleichbar? Nehm ich mich und meine Botschaft schon zu wichtig, um zu erkennen, dass ich auf der anderen Seite durch mein Mobilitätsverhalten Schaden anrichte? Muss man selbst hundertprozentig »korrekt« handeln, um andere überzeugen zu können? So bleiben Diskussionen über das Autofahren ein fixer Bestandteil unserer Familienkultur. Was ist notwendig, was kann man vermeiden, und wer entscheidet das? Ich finde mich dabei immer wieder mehr oder weniger unfreiwillig in der Rolle, das Autofahren auch irgendwie zu verteidigen.

Während einer nächtlichen Heimfahrt von einem meiner Vorträge hatte unser Auto, das zu diesem Zeitpunkt noch nicht einmal neun Jahre alt war, auf der Autobahn einen Motorschaden. Nach dem ersten Schock meinerseits und einer Bergeaktion durch Peter und einen Freund stand einen Tag später in der Werkstatt schließlich fest, dass der Motor kaputt war und das Auto damit angesichts seines Alters quasi einen Totalschaden hatte. Abgesehen davon, dass mich die Tatsache, dass ein neun Jahre altes Auto wegen eines kaputten Motors offenbar schrottreif war, sehr beschäftigte, flammte natürlich auch unsere Diskussion erneut auf. Diesmal war es aber angesichts des »Ernstfalls« nicht möglich, sie ergebnislos abzubrechen. Wir mussten eine Entscheidung treffen. Und aus irgendeinem Grund rief genau dieser Ernstfall meinen Experimentiergeist wieder auf den Plan. Und so beschlossen wir, ein paar Tage nachdem unser Auto kaputt geworden war, zumindest vorläufig, kein neues mehr zu kaufen. Peter war anfangs sichtlich erstaunt, dass ich nun so sang- und klanglos auf seinen Vorschlag einging. Doch die Kinder waren in diesem Fall nicht gleich so begeistert von der Sache wie beim Plastikfrei-Experiment. Sie machten sich Sorgen darüber, wie sich unser neuerliches Experiment auf ihre Freizeitaktivitäten auswirken könnte. Fürs Erste war das eigentlich gar kein Problem, denn in der Nachbarschaft und im Fußballverein hatte sich recht schnell herumgesprochen, dass wir im Moment kein Auto hatten, und es gab jede Menge Angebote, uns beziehungsweise die Kinder irgendwohin mitzunehmen. Allerdings gingen in den ersten ein bis zwei Wochen wohl noch alle davon aus, dass der autofreie Zustand demnächst wieder vorbei sein würde.

Ich hatte zwar auch bisher immer versucht, bei notwendigen Fahrten mit den Kindern wenigstens Fahrgemeinschaften zu organisieren, aber nun war es mir doch ziemlich unangenehm, dass wir zwar ständig andere Eltern brauchten, die unsere Kinder mitnahmen, selbst aber nichts mehr anbieten konnten. Deswegen bot ich nach circa zwei Wochen, jedes Mal, wenn jemand eines unserer Kinder abholte, an, einen Kostenbeitrag für die Fahrt zu leisten. Aber das lehnten ausnahmslos alle Eltern mit dem Argument »Ich fahr ja sowieso« ab. Das machte mein ungutes Gefühl auch nicht besser.

Zweimal probierte ich daraufhin die Leihautovarianten aus, einmal für eine Musikschulfahrt und einmal für einen Vortragstermin am Abend. Leider musste ich sowohl zum Abholen als auch zum Zurückbringen des Autos extra nach Graz, weil es in der Nähe keinen Verleih gab, dadurch wurde das Ganze natürlich relativ umständlich und zeitaufwendig. Es war ein Modell für Städter und bei uns auf dem Land nur in Ausnahmefällen eine Option.

Auch ein E-Auto schied aus verschiedenen Gründen (die Technologie sei teilweise noch nicht wirklich ausgereift, die Infrastruktur passe nicht und die Fahrzeuge seien noch viel zu teuer) aus, und ich begann ein wenig über die Produktion und Emissionen von Autos zu recherchieren. Und das bescherte mir ziemlich erschütternde Erkenntnisse: So fand ich zum Beispiel auf der Seite des VCÖ (Verkehrsklub Österreich) die Information, dass je nach Gesamtkilometerleistung 15 bis 20 Prozent der CO_2-Emissionen schon bei der Produktion eines Pkw entstehen. Und obwohl die Effizienz der Motoren in den letzten Jahrzehnten ständig verbessert worden war, ist die Senkung des Spritverbrauchs im Verhältnis weitaus geringer, als möglich wäre, man spricht hier auch vom Rebound-Effekt. Allein in den Jahren 1980 bis 2010 wurden die Fahrzeuge nämlich um 30 bis 50 Prozent schwerer! Es muss also viel mehr Masse transportiert werden, und dadurch wirkt sich die technisch erreichte Effizienzsteigerung der Motoren nur geringfügig auf den Spritverbrauch aus. Doch auch bei einem tatsächlich verminderten Treibstoffverbrauch war die Ökobilanz von neuen Autos noch alles andere als beeindruckend: Wenn ein Neuwagen einen Liter weniger Sprit pro 100 Kilometer verbraucht, wiegt das die Menge an Treibhausgasen, die bei seiner Produktion erzeugt werden, bei einer jährlichen Fahrleistung von 10 000 Kilometern erst nach 20 Jahren auf! Der Vorteil von E-Autos ist natürlich, dass dabei je nachdem, wie der Strom für den Betrieb erzeugt wurde, der Betrieb nur sehr wenig Emissionen verursacht. Allerdings stellte ich da schon einen riesigen Unterschied alleine zwischen Deutschland und Österreich fest. In Deutschland, wo noch ein erheblicher Teil des Stroms in Kohlekraftwerken hergestellt wurde, erzeugte der Betrieb von E-Autos rechnerisch doppelt so viel Emissionen wie die Produktion wie beim österreichischen Strommix, der sich doch schon zu einem erheblichen Teil aus erneuerbaren Energien zusammensetzte. In Summe wurden offenbar jedenfalls laufend mehr Kilometer pro Jahr und Person gefahren, und pro Auto fuhren im Durchschnitt immer weniger Personen mit. Das macht die Sache schon wieder einigermaßen kompliziert, doch im Grunde sind die Schlussfolgerungen für den täglichen Umgang doch recht einfach: Weniger Autofahren bringt eine Reduktion von Emissionen im Betrieb und in der Produktion! Denn ein Auto, mit dem weniger gefahren wird, muss normalerweise nicht so schnell durch ein neues ersetzt werden. Und unnötig große, schwere Autos verbrauchen auch unnötig viel Energie und verursachen unnötige CO_2-Emissionen. Ein neues E-Auto kam im Moment aus finanziellen Gründen für uns nicht infrage.

Ein Thema, das mich im Zusammenhang mit der Autolosigkeit sehr beschäftigte, war der bald anstehende Sommerurlaub. Wir wollten zuerst wieder ein paar Tage in Kärnten am Ossiacher See verbringen und dann zum Campen ans kroatische Meer fahren. Eine Sache, die ich mir definitiv mit drei Kindern und all dem Campingzeug ohne Auto nicht vorstellen konnte. Peter erkundigte sich bezüglich Leihautos, aber für diesen langen Zeitraum wäre das ziemlich teuer gekommen. Schlussendlich lief es schon darauf hinaus, dass wir in diesem Jahr eben nur mit dem Zug nach Kärnten fahren und den Urlaub am Meer abblasen würden. Für Peter wäre das kein Problem gewesen, aber die Kinder und ich waren enttäuscht. Andererseits wollte ich aber auch nicht verantworten, dass wir uns »nur wegen des

Urlaubs« dann doch ein neues Auto kauften, also begann ich mich wohl oder übel damit abzufinden, dass wir in diesem Sommer wohl kein Meer sehen würden.

Doch dann kam einige Wochen vor Beginn der großen Ferien doch noch Bewegung in die Sache. Wir hatten ebenfalls autolose Freunde zu Besuch, die sich für Urlaube bis jetzt immer von den Eltern oder sonstigen Verwandten ein Auto ausgeborgt hatten. Ich hatte gerade unser Urlaubsdilemma geschildert und mich darüber beklagt, dass wir leider eben keine Verwandten hatten, die uns ein Auto leihen würden, und auch keine Nachbarn, die mit uns ein Auto teilen könnten. In dem Moment stieg plötzlich Martin in das Gespräch ein: »Wir haben eigentlich auch schon überlegt, ob wir uns nicht mit irgendjemandem ein Auto teilen könnten. Weil auf die Dauer ist das mit dem Ausborgen bei den Eltern auch ein bisschen mühsam.«

Ich konnte es kaum glauben. Peter und ich hatten ein paar Wochen zuvor genau dieses Modell diskutiert, aber wieder verworfen, weil uns niemand einfiel, mit dem das realistisch umsetzbar sein könnte. Tatsächlich hatten auch Martin und seine Frau sich ein privates Carsharing schon ernsthaft überlegt, aber noch nicht nach Partnern umgeschaut. »Aber mit euch würde das sicher super funktionieren«, fand er.

Ein Glücksfall! Martin und Peter begannen gleich einmal mögliche Modalitäten der Abrechnung von gefahrenen Kilometern, Service, Reparaturen und so weiter zu besprechen, während Yvonne und ich überlegten, wie die Autoübergabe möglichst effizient gestaltet werden könnte und ob wir lieber einen Fünf-Sitzer oder doch einen Sieben-Sitzer hätten. Der ganze Nachmittag stand ab nun mehr unter dem Zeichen unseres potenziellen Carsharings.

Wir hatten beschlossen, es vorerst einmal mit einem möglichst günstigen gebrauchten Auto auszuprobieren, uns den Kaufpreis zu teilen. Alle Vereinbarungen inklusive der Abrechnungsmodalitäten wurden schriftliche festgehalten, und sollte wirklich etwas nicht so funktionieren, wie wir uns das vorstellten, würden Peter und ich den beiden anderen die zweite Autohälfte einfach wieder abkaufen. Schon ein paar Tage später hatten Martin und Peter in Graz ein Auto gefunden, das sie uns zeigen wollten.

Es war ein drei Jahre alter, rumänischer Dacia, ein Fünf-Sitzer mit rund 30 000 km und keinerlei Schnickschnack. Er hatte weder elektrische Fensterheber noch Zentralverriegelung und nicht einmal eine Servolenkung. Aber er war sonst in einem tadellosen Zustand und kostete auch nur 4500 €. Die Männer waren sich gleich einig: Je weniger Elektronik, desto weniger konnte kaputt werden.

Nun begann die wirklich spannende erste Phase. Für mich war es nach fast zwei autofreien Monaten direkt wieder ein ungewohntes Gefühl, ein Auto in der Garage stehen zu haben. Und in den ersten zwei Wochen blieb es auch dort. Denn die Ferienzeit hatte gerade begonnen, daher fand keine Musikschule statt, und auch beim Fußball war gerade Pause. Unser Urlaub war erst für Anfang August geplant, und Einkäufe sowie kleinere Ausflüge erledigten wir natürlich weiterhin per Fahrrad oder mit öffentlichen Verkehrsmitteln. Und durch die gänzlich autofreie Zeit hatten wir uns gewissermaßen auch entwöhnt. Daher wurde das neue Auto erst aktiviert, als Martin und Yvonne mit den Kindern zum Urlaub an den Neusiedler See aufbrachen. Danach war schon vereinbart, dass wir den Wagen für unsere Urlaubsfahrten verwenden würden. Und die erste Fahrt mit unserem »halben Auto« ans Meer wurde tatsächlich zu einem wirklich denkwürdigen Ereignis.

Der »Weniger ist mehr«-Urlaub

Im Unterschied zu unserem alten Auto war das neue insgesamt deutlich kleiner und hatte nur fünf Sitzplätze. Ein Vorteil war allerdings der relativ geräumige, hohe Kofferraum, den man hinten mit zwei Türen öffnen und eben einräumen konnte. Dadurch konnte man ihn theoretisch bis zum Dach vollfüllen. Für meine Urlaubspläne in diesem Jahr war das ein entscheidender Faktor, denn nachdem wir nun wieder ein Auto zur Verfügung hatten, wollte ich unbedingt ans Meer. Und ich hatte die Vision eines wirklich ganz ursprünglichen Campingurlaubs, nur mit unseren zwei kleinen, alten Zelten, Gaskocher, Campingtisch und Sesseln und Badesachen.

Ich sehnte mich regelrecht danach, nur das Notwendigste ins Auto zu packen, loszufahren, einen schönen Ort zu suchen und zwei Wochen einfach nur in der Natur zu verbringen. So hatte ich selbst mit zwölf Jahren meinen ersten Meerurlaub mit den Eltern verbracht, und seither liebte ich das Campen.

Darüber, was das »Notwendigste« ist, gab es allerdings durchaus unterschiedliche Einschätzungen in unserer Familie. Für Peter waren das eigentlich nur eine Zahnbürste, zwei Unterhosen, zwei T-Shirts, ein Handtuch und Badesachen. Das hatte im Wesentlichen in einer Stofftasche Platz. Dazu kamen lediglich noch sein Schlafsack und seine Gitarre, die aber im Zweifelsfall auch zu Haus bleiben konnte. Und er hätte damit wohl auch wirklich das Auslangen gefunden. Ich hingegen war es gewohnt, nicht nur für mich, sondern auch für alle drei Kinder diverse Ersatzkleidungsstücke einzupacken. Lange Hosen, wenn es doch kühler wurde, Regenjacken, Pullis und so weiter. In Summe waren es dann doch zwei ganze Reisetaschen voll mit Kleidung. Dazu kamen noch diverse Spiele, Bälle, Bücher für mich und die Kinder, Ersatzhandtücher, Hygieneartikel und Notfallmedikamente, Verbandszeug und ein zweites Paar Schuhe für alle. Außerdem packte ich mit den Kindern die Lebensmittel und das Geschirr ein, das wir mitnehmen wollten. Weil es im Urlaub immer schwierig ist, Lebensmittel verpackungsfrei einzukaufen, nahmen wir natürlich auch recht viel von zu Hause mit. Dazu kam noch der große Edelstahlkanister mit Trinkwasser. Da wir bis auf unsere Edelstahlbecher kaum Campinggeschirr hatten, mussten wir normale Teller und Töpfe mitnehmen. Und dann hatte ich von Freunden auch noch einen kleinen Campingkühlschrank ausgeborgt, damit wir zumindest etwas Käse, Butter und eventuell ein paar Getränke kühlen konnten. Während ich mit den Kindern den Kofferraum füllte, richtete Peter noch die beiden Fahrräder her, die wir mitnehmen wollten, und montierte sie auf den Fahrradträger am Autodach. Letztlich war der Kofferraum mit Zelten, Schlafsäcken, aufblasbaren Schlafmatten, Lebensmitteln und all dem sonstigen Zeug derartig voll, dass er sich nahezu während der gesamten Fahrt über meinen »minimalistischen Urlaub« lustig machte. Ich hatte dennoch ein sehr gutes Gefühl, da ich aus meiner Sicht wirklich nur das Wichtigste eingepackt und vor allem alles schon systematisch eingepackt hatte.

Die Kinder freuten sich immens auf den Campingurlaub, und so verlief die Fahrt trotz längerer Suche nach dem optimalen Campingplatz sehr friedlich. Diesen fanden wir schließlich auf der kleinen kroatischen Insel Murter. Es war ein sehr einfacher

Platz ohne jeglichen Schnickschnack, aber dafür in einer wunderschönen Bucht gelegen, die in eine Art Halbinsel überging. Man konnte vom Festland über eine kleine Brücke auf die Insel fahren. Es war schon Ende August, und daher war auch nicht mehr allzu viel los. So fanden wir einen wunderschönen Schattenplatz direkt am Meer, wo wir unsere beiden kleinen Zelte direkt nebeneinander aufstellen und das Auto daneben parken konnten. Ansonsten räumten wir nur noch den Wasserkanister, Tisch und Sessel und natürlich die Badesachen aus dem Auto. Alles andere blieb im Kofferraum und dadurch wetterfest verstaut. In den Zelten hatten wir nur die Matten und Schlafsäcke und noch Stirnlampen für die Nacht. Nachdem alles fertig aufgestellt war, verbrachten die Kinder den Rest des Nachmittags praktisch ausschließlich im Wasser, während Peter und ich uns nur kurz abkühlten und dann etwas erschöpft vor unserem Zelt saßen und den Kindern beim Schnorcheln zusahen, bis die Sonne langsam unterging.

Am Campingplatz war ein Obst- und Gemüsestand aufgebaut, nebenan gab es auch Käse, Trockenwürste, Brot und Gebäck. Dort kauften wir das Gebäck fürs Frühstück sowie Zwetschken, Marillen, Paradeiser (Tomaten), Paprika und ein Stück Schafskäse. Der Verkäufer wollte mir zuerst alles in extra Plastik- oder Papiersackerl packen, doch ich hielt im jedes Mal meine Stofftaschen hin, und die Dose für den Käse. Alles war genauso, wie ich es mir gewünscht hatte. Nur nach dem Abendessen gab es eine kurze Diskussion darüber, wer von den Kindern nun mit Peter zum Abwaschen fahren musste, aber nachdem wir geklärt hatten, dass alle einfach immer abwechselnd drankommen würden, hatte sich auch das erledigt. Nach dem Abwaschen verstaute ich das Geschirr wieder in der Transportkiste im Kofferraum, und als Peter und ich uns noch bei Kerzenlicht zusammensetzten und Peter anfing, mit der Gitarre zu spielen, war außer dem Tisch, Sesseln und ein paar Badesachen auf der Wäscheleine nichts mehr im Freien. Es tat richtig gut, nicht so viel Zeug rundherum zu haben, ich fühlte mich irgendwie total befreit.

In der Nacht vom fünften auf den sechsten Tag wurde die Idylle jäh unterbrochen. Mitten in der Nacht wurde ich wach, weil irgendetwas unglaublich laut flatterte. Ich rief: »Unser Zelt!« Der Wind war inzwischen so stark geworden, dass es unser altes Kuppelzelt in alle Richtungen verbog. Ich bekam ein wenig Panik, doch Peter meinte nur lakonisch: »Solange wir drin liegen bleiben, bleibt es schon stehen.« Das Zelt nahm allerdings zwischendurch fast schon die Form einer Sichel an, weil der Wind von der Meerseite derartig heftig hineinblies, was nicht gerade zu meiner Beruhigung beitrug. An Schlaf war jedoch so schnell nicht mehr zu denken, denn der Wind wurde eher noch stärker, unser Zelt »flatterte« extrem laut, und ich verbrachte die halbe Nacht damit, die Zeltstange mit einem Bein zu stabilisieren. Irgendwann muss ich dann aber doch eingeschlafen sein, denn das nächste, woran ich mich erinnere, war ein prasselndes Geräusch und ein Gefühl von Nässe auf meiner Hand. Es regnete in Strömen, und meine Hand lag in einem kleinen Rinnsal, das direkt durch unser Zelt floss. »Oh nein, das darf ja nicht wahr sein!«, entfuhr es mir relativ laut. Zum Glück war es wenigstens schon hell, denn ich musste zumindest mal nachschauen, ob bei den Kindern alles in Ordnung war. Als ich ihr Zelt öffnete, saßen sie schon alle drei aufrecht auf ihren Matten und hatten geistesgegenwärtig ihre Schlafsäcke bereits zusammengelegt, um sie vor dem Wasserdurchlauf im Zelt zu schützen. Samuel blinzelte mich verschlafen an und murmelte: »Ach, ist es schön hier! Mehr braucht man einfach nicht!«, und wir lachten alle los! Da es aber nicht danach aussah, als würde es gleich aufhören zu regnen, wollte ich die Kinder doch lieber samt Schlafsäcken ins Auto bringen. Leonard gab bereits am Weg zum Auto seine größte Sorge kund: »Und wo sollen wir heute frühstücken?« »Das werden wir schon sehen, notfalls im Auto!«, antwortete ich ungeduldig, doch als ich gerade wieder vom Auto zurück in unser Zelt wollte, öffnete sich das Vorzelt der Nachbarn aus Aachen, und Markus, der Vater der Familie, rief mir zu: »Wollt ihr nicht zu uns frühstücken kommen? Wir hätten noch ein wenig Platz, und bei euch sieht es ja wirklich ziemlich ungemütlich aus!« Das war in diesem Moment die Rettung.

Und ein paar Minuten später saßen wir schon alle dicht gedrängt wie die Sardinen, aber trocken und glücklich im Vorzelt der Nachbarn bei Kaffee und einem köstlichen Frühstück. Wir entdeckten in kürzester Zeit viele Gemeinsamkeiten unserer Familien, unter anderem die Vorliebe für alte Dinge.

Das nette gemeinsame Frühstück animierte uns zu weiteren Aktivitäten mit den Nachbarn aus Aachen, und so machten wir uns am frühen Nachmittag gemeinsam auf den Weg in eine Bucht, von der mir Doris in der Früh erzählt hatte. Wir wanderten die Küste entlang, und schon da kam mir alles ein wenig verändert vor. Das Meer war durch den nächtlichen Sturm immer noch recht aufgewühlt, und es ging weitaus mehr Wind als in den ersten Tagen. Und als wir dann in die Bucht kamen, erlebten wir eine recht unangenehme Überraschung. Offenbar hatten Wind und der starke Wellengang über Nacht große Mengen an Plastikmüll und allen möglichen sonstigen Unrat ans Ufer getragen. Jedenfalls war die Bucht voll damit! Nicht nur die Kinder waren entsetzt. Es war die erste direkte Konfrontation mit den Auswüchsen des Überflusses in diesem Urlaub. An den Stränden des Campingplatzes, wo wir uns bisher aufgehalten hatten, war es eigentlich bis auf kleinere Ausnahmen immer relativ sauber gewesen. Während wir eine Müllsammelaktion starteten, begannen wir über den Müll und die zahlreichen Gebrauchsgegenstände, die man an den Stränden so finden konnte, zu philosophieren. Viele der Dinge, die über die Nacht in der Bucht gelandet waren, hätte man durchaus noch gebrauchen können. Unter anderem gab es da Badeschuhe, einen Schnorchel und einen aufblasbaren Schwimmdinosaurier, der offenbar noch intakt war und den Leonard auch gleich für sich reklamierte. Ansonsten waren vor allem jede Menge Plastikflaschen, Verschlüsse, diverse Verpackungen und Folien angespült worden. Wir sammelten alles so gut wie möglich ein und stopften es in unsere Badetasche und weitere mitgebrachte Taschen, doch am Schluss waren alle Beutel voll, aber die Bucht noch lange nicht sauber. Während die Kinder schließlich doch ins Wasser gingen, saßen wir Erwachsene im Schatten, und Doris begann angesichts der Plastikflut von einer Fernsehsendung zu erzählen, in der sie eine österreichische Familie gesehen hatte, die seit Jahren ohne Plastik lebte. Bis jetzt war unsere Bekanntschaft zu kurz gewesen, um über unser Plastikexperiment zu berichten, doch nun konnte ich natürlich nicht mehr anders.

In den nächsten Stunden war unser Plastikverzicht das Dauerthema. Doris und Markus wollten ganz genau wissen, wie wir es im Alltag, aber vor allem auch im Urlaub schafften, fast ohne Plastikmüll auszukommen. Wir kamen vom Hundertsten ins Tausendste und diskutierten über die Wegwerfgesellschaft,

Wirtschaftswachstum und darüber, ob und wie ein Wirtschaftssystem ohne Verschwendung funktionieren könnte. Schließlich ging es aber auch um Reduktion und Verzicht, darum, was im Leben wirklich zählt und ob Verweigerung von Überfluss nicht auch ein Befreiungsschlag sein kann. Was das Campen anbelangte, waren wir uns jedenfalls sehr schnell einig, dass der besondere Reiz für uns darin lag, dass man direkt in der Natur lebte und sonst kaum etwas brauchte. Zwischendurch kam ich regelrecht ins Schwärmen, wenn ich vom Kochen und Abwaschen am Campingplatz berichtete. »Es ist einfach so angenehm, dass jeder von uns nur sein eigenes Edelstahl-Häferl (Tasse) hat und dafür selbst verantwortlich ist. Zwei Töpfe, eine kleine Pfanne, einfache Gerichte, die schnell fertig sind, aber dafür immer frisch. Und der Abwasch ist dadurch auch immer schnell erledigt. Eigentlich sollte man sich das für zu Hause zum Vorbild machen«, erzählte ich voller Begeisterung.

»Ja, wenn man nur mit kleinen Zelten und einem normalen Auto unterwegs ist, hat man halt wirklich nur das Notwendigste mit. Und das reicht in Wirklichkeit auch. Wir mit unserem Campinganhänger haben eh schon wieder viel zu viel Zeug dabei. Wenn man bedenkt, dass wir nur zu dritt sind und ihr zu fünft … mir ist gleich aufgefallen, dass ihr wirklich sehr minimalistisch unterwegs seid.«

Ich musste lachen und klärte Doris darüber auf, wie Peter bei der Anreise die Situation eingeschätzt und sich über die Menge unseres Gepäcks lustig gemacht hatte. Doch inzwischen hatte sich tatsächlich alles etwas relativiert. Es stimmte zwar, dass wir zu viel Kleidung mitgenommen hatten, aber im Vergleich zu anderen war unsere Ausstattung tatsächlich sehr bescheiden, und das schönste daran war: Es ging niemandem irgendetwas ab. Im Gegenteil: Ich fühlte mich regelrecht befreit und hatte mittlerweile sogar den Ehrgeiz entwickelt, so wenig Kleidung wie möglich für mich und die Kinder aus den Reisetaschen zu holen. Alles, was unbenutzt in der Reisetasche blieb, musste schließlich zu Hause auch nicht gewaschen werden – und dieser Gedanke war ebenfalls sehr befreiend.

Immer wieder kamen wir in diesem Urlaub auf den Überfluss zu sprechen. Auf der einen Seite ging es dabei tatsächlich um das persönliche Wohlbefinden. Wir waren uns jedenfalls einig, dass Überfluss uns eigentlich nicht guttut. Trotzdem schien es im Alltag teilweise extrem schwierig zu sein, sich als einzelne Person oder auch als Familie dagegen zu wehren. Auf der anderen Seite diskutierten wir natürlich auch viel über die ökologischen und sozialen Auswirkungen von Überfluss und Verschwendung. Auch Markus war in Aachen politisch aktiv und hatte sich schon für verschiedene Umweltprojekte engagiert, nun wollte er von mir vor allem möglichst viele Informationen über Projekte und Initiativen zur Plastikmüllvermeidung. Dadurch hatten wir natürlich auch auf dieser Ebene jede Menge Gesprächsstoff.

Nach dem nächtlichen Schlechtwetter blieb es die restlichen sieben Urlaubstage schön, und obwohl fast jeder Tag gleich verlief, hatte ich am Ende unseres Urlaubs nach zwölf Tagen immer noch das Gefühl, mich noch lange nicht an all der Schönheit sattgesehen zu haben. Peter hatte mit seiner Prognose, dass wir das meiste, was ich in die Reisetaschen gepackt hatte, nicht brauchen würden, recht behalten. Das hätte aber bei einer längeren Schlechtwetterperiode natürlich auch anders kommen können, allerdings wären wir dann ziemlich sicher auch nicht so lange geblieben. Zumindest mein Sommerkleid konnte ich am vorletzten Tag noch ausführen, als wir dann zum Urlaubs-abschluss doch einmal mit dem Auto zum Essen in das kleine Städtchen am anderen Ende der Insel fuhren. Der Touristen-markt am Hauptplatz löste sowohl bei den Kindern als auch bei mir gleich wieder alle möglichen »Bedürfnisse« aus. Leonard entdeckte ein Schnorchelset, das angeblich viel besser war als sein jetziges, Marlene interessierte sich für diverse Lederarm-bänder, und Samuel wollte plötzlich unbedingt einen Strohhut. Ich hingegen hatte auf einmal das Gefühl, vielleicht doch ein-mal ein neues Strandhandtuch zu brauchen. »Ist dein altes nicht mehr in Ordnung oder was?«, fragte Peter genervt, der das alles schon hatte kommen sehen und als Einziger keine Kaufambitionen zeigte. Ich schickte ihn schließlich vor zur Eis-diele, wozu Peter immer leicht zu überreden war. Danach übte ich mich angesichts all der Diskussionen, die wir in diesem Ur-laub über Verschwendung und Überfluss geführt hatten, aber vor allem auch weil ich mir dieses schöne »Weniger-ist-mehr«-Gefühl, das ich in den letzten zwei Wochen so oft erlebt und genossen hatte, nicht durch einen unüberlegten Kauf selbst ver-derben wollte, in Beherrschung.

Als wir Peter schließlich wieder trafen, war er jedenfalls über die Tatsache, dass ich für mich selbst nichts gekauft hatte, sehr erstaunt und ich entsprechend zufrieden. Die paar Kleinigkei-ten, die die Kinder bekommen hatten, würden zumindest das Einpacken nicht erschweren.

Am nächsten Tag war es jedenfalls sehr angenehm, dass wir vergleichsweise wenig mitgenommen und für den täglichen Gebrauch außer den Lebensmitteln kaum etwas aus dem Kof-ferraum ausgepackt hatten. Die mitgenommenen Lebensmittel hatten wir fast aufgebraucht, ein wenig Altpapier und einige leere Glasflaschen nahmen wir wieder mit nach Hause, da wir auf der Insel dafür keine getrennte Entsorgungsmöglichkeit fanden, und die Mineralwasserkisten, die wir gekauft hatten, nachdem unser Wasserkanister leer war, und einige leere Bierflaschen wollten wir bei der Rückfahrt noch ins Geschäft zurückbringen, um den Pfand einzulösen. Als wir uns schließlich von Markus, Doris und Johanna verabschiedeten, die noch ein paar Tage länger auf Murter bleiben konnten, packte mich schon die Wehmut. Denn nach unserer Rückkunft waren auch die Sommerferien zu Ende, und damit wohl auch die Leichtigkeit der letzten zwei Wochen. Immerhin konnte ich mich damit trösten, dass bis auf die Badehandtücher, Badesachen und ein paar T-Shirts und Geschirrtücher keine Schmutzwäsche angefallen war.

Auch nach den ersten Sommerurlauben verlief die Autoteilung mit Martin und Yvonne im Großen und Ganzen reibungslos. Die Kinder waren froh, dass wir zumindest zeitweise wieder ein Auto zur Verfügung hatten. Wenn Martin und Yvonne es allerdings brauchten, war klar, dass sie Vorrang hatten, da ihre Kinder einfach noch kleiner waren. Insgesamt sahen Peter und ich es jedenfalls sehr positiv, dass unsere Kinder nun neben der Plastikreduktion auch Erfahrung mit Autoreduktion machten. Und noch ein positiver Nebeneffekt wurde nach einem Jahr sichtbar. Durch das halbe Auto hatten sich unsere gefahrenen Autokilometer noch einmal deutlich reduziert. Obwohl wir unsere Autobenutzung schon vorher für recht sparsam gehalten hatten, waren wir doch zwischen 9000 und 10 000 km pro Jahr gefahren. Durch das Carsharing hatte sich das auf ungefähr 6000 km reduziert. Martin und Yvonne waren ungefähr halb so viel gefahren. In Summe waren wir also gemeinsam gleich viele

Kilometer gefahren wie wir in den Jahren davor alleine. Und durch die kilometerbezogene Aufteilung aller Kosten bedeutete das für uns natürlich auch eine deutliche Reduzierung der Ausgaben. Und im Grunde waren auch alle damit zufrieden.

Aber ich will auch nichts beschönigen. Es gab natürlich viele Diskussionen mit den Kindern, die wir über all die Jahre immer und immer wieder führen mussten. Oder eigentlich führen durften. Denn in unserer Familie gehört die Diskussion eigentlich zum Tagesablauf wie das Zähneputzen oder »Gute-Nacht-Sagen«. Wir diskutieren einfach alle sehr gerne – oder jedenfalls fast alle.

Dieser erste Campingurlaub auf Murter beschäftigte mich noch sehr lange, immer wieder erinnerte ich mich an die Zufriedenheit und das schöne Gefühl, nicht zu viel zu haben, worum man sich kümmern muss. Und das hatte definitiv damit zu tun, dass die Menge der Dinge, die uns umgaben und für die wir zuständig waren, einfach sehr reduziert gewesen war. Und gerade in den ersten Wochen nach dem Urlaub wünschte ich mir sehr oft auch zu Hause einfach weniger Dinge und dafür mehr Ruhe und Zeit für mich selbst.

Dieses Gefühl sollte auch in Zukunft immer wieder eine sehr wichtige Rolle für mich spielen. Ich hatte mir aus diesem Urlaub nicht nur die Erinnerung und immer wiederkehrende Sehnsucht nach der Kraft des Meeres mitgenommen, sondern auch den alten Spruch »Weniger ist mehr« am eigenen Leib erfahren. Und davon wollte ich fortan mehr!

Tatsächlich aber war es so einfach nicht. Ich lernte im Zuge meiner Vortragstätigkeit auch zwei in Österreich sehr bekannte Klimawissenschaftler kennen. Einer von ihnen war auch in einer Pfarrgemeinde in Graz engagiert und hatte mich eingeladen, dort einen Vortrag zum Thema Plastikreduktion zu halten. Er wollte auch die Klimarelevanz dieses Themas aufzeigen, und es ging ihm, der sich als Wissenschaftler ja hauptsächlich mit Zahlen und Fakten beschäftigte besonders darum, konkrete Handlungsmöglichkeiten aufzuzeigen. Einerseits war er ja im Zuge seiner Tätigkeit selbst stark mit den notwendigen Veränderungen von rechtlichen Rahmenbedingungen, Steuer- und Wirtschaftssystem beschäftigt, auf der anderen Seite fand er es auch sehr wichtig, den Menschen konkrete Handlungsoptionen für den Alltag aufzuzeigen. Ein Teil dieses Gesprächs ist mir besonders in Erinnerung geblieben: »Wenn die blanken wissenschaftlichen Zahlen die Politik überzeugen könnten, wäre längst das Notwendige passiert. Es braucht einfach den Druck vieler Menschen, um hier die nötigen Entscheidungen zu erzwingen. Und zwar rasch – denn viel Zeit haben wir einfach nicht mehr, um die Klimakrise auf ein erträgliches Ausmaß zu begrenzen.« In unserer Vorbesprechung thematisierte er auch ganz klar die Problematik, das abstrakte Thema Klimaschutz für Menschen begreifbar zu machen. Das Thema »Plastikreduktion« erschien ihm hingegen sehr geeignet, um viele Aspekte, die auch für den Klimaschutz relevant waren, aufzuzeigen. Und er fand es besonders wichtig, dass unser Experiment sich auch so positiv auf unsere Lebensqualität und Lebensfreude ausgewirkt hatte. Eines war nämlich aus seiner Sicht besonders hinderlich, um die notwendigen Veränderungen schneller umzusetzen: dass Klimaschutz sehr oft als etwas dargestellt wurde, was entweder nur mit hohem persönlichen Aufwand und Einschränkungen oder nur für eine privilegierte Gesellschaftsschicht möglich sei. Und dass diese Argumentationsschiene, dass Klimaschutz für den Einzelnen anstrengend ist, sogar durch politisch Verantwortliche teilweise noch forciert wurde, machte das Ganze natürlich nicht besser.

Just beim Vortrag in dieser Pfarre kam es dann auch zu einer recht kontroversen Diskussion, denn während sich ein Großteil des Publikums sich darüber einig war, dass es natürlich Sinn machte, sich im Alltag um die Reduktion von unnötigem Müll und überflüssigen Gebrauchsgütern zu bemühen, war ein älteres Ehepaar skeptisch. Die Frau meinte, dass es natürlich gut und schön sei, Müll zu reduzieren, aber gerade für den Klimawandel wohl andere Faktoren weitaus entscheidender wären. Und ihr Ehemann setzte nach, dass die Klimabilanz jedes Einzelnen durch eine einzige Flugreise für Jahre »zusammenhauen« würde und unsere Plastikmüllbilanz vergleichsweise zu vernachlässigen sei. Im Publikum entspann sich eine lebhafte Debatte. Das Meinungsspektrum war breit gefächert: Einige stimmten zu, andere verteidigten das Fliegen, manche meinten, man könne diese Dinge nicht miteinander vergleichen, und viele waren der Meinung, dass beides wichtig sei und man jedenfalls nicht das eine gegen das andere aufwiegen könne. Ich fand das hochinteressant und mischte mich anfangs kaum in die Diskussion ein. Doch irgendwann kam dann natürlich die unvermeidbare Frage direkt an mich: »Und wie schaut es bei Ihnen aus? Fliegen Sie?« In diesem Moment war es natürlich ein gutes Gefühl, wahrheitsgemäß antworten zu können, dass ich seit über zwanzig Jahren nicht mehr geflogen war und es auch weiterhin nicht vorhatte. Obwohl ich auch gleich eingestand, dass neben ökologischen Gründen auch meine zunehmende Flugangst für diese Entscheidung ausschlaggebend war, erntete ich dafür durchwegs Zuspruch. Nun ging es in der gesamten Diskussion nur noch ums Fliegen, um Alternativen dazu, um die Frage, warum Zugreisen oftmals um so viel teurer waren als Flugreisen, um persönliche Bedürfnisse, die Definition von Wohlstand und zu guter Letzt um »Flugverschwendung«. Diesen Begriff hatte ich im Zuge der Debatte selbst kreiert, nachdem im Publikum zumindest Einigkeit darüber bestand, dass die Zunahme des Flugverkehrs in den letzten Jahrzehnten jedenfalls ein Problem darstellte und Lockangebote wie »60 € für ein Wochenende nach London und zurück« eigentlich angesichts der Konsequenzen für die Umwelt durch nichts zu rechtfertigen seien. Ich hatte die Erfahrung gemacht, dass es immer gut war, am Ende einer ausführlichen Diskussion den Versuch zu machen, den kleinsten gemeinsamen Nenner zu finden. Die Tatsache, dass Flugreisen vor 30 Jahren doch noch etwas Besonderes waren und heutzutage ein Massenphänomen darstellten, war genau so etwas. Und auch, dass der Konkurrenzkampf der Airlines um noch mehr Fluggäste zu völlig irrealem Preisdumping führte, das wiederum zu noch mehr Flugkonsum beitrug, war unumstritten. Letztlich konnte ich das mit dem Begriff »Flugverschwendung« recht gut zusammenfassen und die Diskussion damit beschließen. Flugverschwendung fand nämlich tatsächlich niemand gut, auch wenn die Definition dafür zumindest in diesem Rahmen völlig der subjektiven Einschätzung jedes Einzelnen überlassen blieb.

Unser Umgang mit Lebensmitteln wird auf die Probe gestellt

»Zwangsvegetarier«?

Wirklich extrem emotional wurde es einmal, als es um den Fleischkonsum unserer Familie ging. Marlene war ja seit ihrem achten Lebensjahr Vegetarierin, und Peter hatte einige Zeit nach Beginn unseres Experiments ebenfalls beschlossen, kein Fleisch mehr zu essen. Wir hatten zwar auch schon davor relativ selten Fleisch auf dem Speiseplan, doch durch die beiden Vegetarier wurde mit der Zeit unsere Küche insgesamt fast ganz vegetarisch. Für den »Fleischtiger« Leonard eine wirklich schwierige Sache. Die Tatsache, dass ich hin und wieder extra für ihn Biofleisch kaufte, konnte ihn kaum beschwichtigen. Als dann Marlene im Alter von ungefähr 15 Jahren, dem Vorbild einer Freundin folgend, eine Zeit lang vegan zu essen begann und ich schließlich ankündigte, das auch einmal ausprobieren zu wollen, war das endgültig zu viel für Leonard. Er brach beim gemeinsamen Mittagessen in Tränen aus und meinte schluchzend: »Wenn du jetzt auch noch so anfängst, dann krieg ich ja nie mehr Fleisch! Dann zieh ich zu Oma!«

Nachdem Peter und ich sehr mühsam das Lachen unterdrückt hatten, entspann sich eine heftige Debatte. Marlene, die inzwischen ja nicht nur aus Tierliebe, sondern auch aus ökologischer Überzeugung kein Fleisch und keine tierischen Produkte mehr essen wollte, versuchte es mit logischen Argumenten. Doch Leonard war der Meinung, dass es besser sei, Fleisch zu essen, weil sonst die Tiere ja »umsonst geschlachtet« würden.

»Aber je weniger Leute Fleisch kaufen und essen, desto weniger Tiere werden geschlachtet. Das nützt zwar den Tieren nicht, die jetzt schon geschlachtet wurden, aber auf Dauer, werden dann weniger Tiere gemästet und geschlachtet«, versuchte ich zu erklären. Leonard blieb unbeeindruckt: »Und was soll das bringen, wenn nur wir das machen?«

Marlene reagierte ungeduldig: »Erstens geht's hier gar nicht ›nur‹ um die Tiere, sondern auch um das Klima. Und zweitens zählt immer alles, was man tut, egal, was die anderen tun!« Doch auch davon ließ sich Leonard nicht überzeugen. Abgesehen von seinem persönlichen Interesse bezweifelte er nach wie vor, dass es wirklich was bringt, wenn wir Fleisch und Milchprodukte in unserer Familie verweigern. Die anderen Leute würden deswegen ja nicht weniger Fleisch essen.

»Es gibt aber immer mehr Leute, die sich vegetarisch oder vegan ernähren. Und es können ja nur mehr werden, wenn sich immer mehr einzelne dafür entscheiden!«, versuchte Samuel mit logischen Argumenten zu überzeugen. Doch Leonard holte prompt zum Gegenschlag aus: »Ich hab gerade in einer Doku gesehen, dass sie jetzt in China immer mehr Fleisch essen und die Leute immer mehr Geld haben und dass das in Zukunft noch viel schlimmer werden wird! Und die sind über eine Milliarde!«

Damit bediente Leonard ein Killerargument, das mir ständig in privaten und politischen Diskussionen begegnet. Immer wird irgendetwas ganz »Großes« vorgeschoben, das die eigenen »kleinen« Bemühungen sinnlos erscheinen lässt oder eben nur wie den berühmten »Tropfen auf den heißen Stein«. Und tatsächlich gab es ja auch in unserem Experiment immer wieder Momente, wo ich selbst riesige Zweifel hatte. Ich erinnere mich noch sehr gut daran, wie ich nach einem Jahr plastikfrei einkaufen an einem Strand in Kroatien in Tränen ausgebrochen war, nachdem ich den ganzen Urlaub über Fotos von Plastikmüll in der Natur gemacht hatte und die Kinder schließlich in einer wunderschönen Bucht, bedeckt von Mikroplastikteilchen, aus dem Meer kamen.

Und doch hat mir etwas in meinem Inneren immer wieder über solche Momente des Zweifelns hinweggeholfen, etwas was irgendwie immer schon da war und in meinem Leben in unterschiedlichsten Situationen dazu beigetragen hat, dass ich mich für Veränderungen eingesetzt habe, wenn mir irgendetwas nicht gepasst hat. Und deshalb schalte ich mich auch in diesem Moment ganz klar und deutlich in die Diskussion ein: »Alles, was Menschen verändert haben, hat immer damit begonnen, dass einfach einmal ein paar wenige angefangen haben, etwas anders zu machen, als bis dahin üblich war! Sonst hätte sich ja nie in der Geschichte der Menschen etwas verändern können. Und meistens sind die Leute, die was verändern wollten, zuerst einmal eher belächelt worden Es ist auch dann sinnvoll, etwas zu tun, auch wenn die meisten Leute es noch anders sehen. Als ich ein Kind war, war es zum Beispiel noch überhaupt nicht normal, den Müll zu trennen. Und viele Leute glaubten auch nicht, dass das jemals funktionieren würde. Aber mein Papa hat das immer schon total wichtig gefunden und uns immer erklärt, wie viele Bäume man beispielsweise nicht fällen muss, wenn man aus altem Papier wieder neues macht. Damals war das alles noch irgendwie komisch, und heute ist es zumindest für die meisten Leute ganz normal. Verstehst du, was ich meine?«

Leonard ist immer noch skeptisch, aber immerhin macht er eine kurze Nachdenkpause. Ich setze noch mal nach: »Und weißt du, Leo, schließlich geht es auch immer darum, das zu tun, was man selber für richtig hält und wo man ein gutes Gefühl hat! Es geht immer auch um dich selbst. Das kann dir niemand anderer abnehmen, und da kann auch kein anderer die Ausrede sein, es nicht zu tun!«

Inzwischen ist mir auch klar geworden, dass es ihm wohl in erster Linie darum geht, nicht selbst »Zwangsvegetarier« werden zu müssen. Und deshalb versuche ich ihn zu beruhigen: »Leo, du bekommst ja eh weiterhin manchmal Fleisch. Ich werde wieder Bio-Rindfleisch und Hendl bestellen und einfrieren, und dann koche ich das für dich. Das ist zumindest besser, als wenn du auswärts einfach irgendein Fleisch von Tieren isst, die auch noch schlecht gehalten oder vielleicht sogar gequält worden sind! O. k., machen wir es so?«

Samuel schaltet sich ein: »Dann kannst du für mich aber auch gleich was mitbestellen. Weil hin und wieder mag ich dann auch ein Biofleisch essen!« Nach einer kurzen Weile meint Leonard schließlich: »O. k., wir können es ja versuchen, aber wenn es nicht klappt, zieh ich wirklich zu Oma!«

Unser Konsumverhalten verändert sich

Obwohl wir uns in Hinblick auf die Ausgangsfrage zwar nicht wirklich ganz einig geworden sind, ist mir in diesem Gespräch doch wieder einiges klar geworden. Es sind wohl meistens ganz persönliche Vorlieben und Gewohnheiten, die eine Veränderung schwierig erscheinen lassen. Ganz besonders dann, wenn diese Gewohnheiten eher dem Mainstream entsprechen und jede Veränderung auch noch relativ mühevoll und aufwendig durchzuführen ist. Und etwas dann gleich »gar nicht mehr zu tun« (in diesem Falle Fleisch essen), also ein 100-Prozent-Anspruch, ist wohl bei den meisten Veränderungsprozessen eher ein Hindernis als eine Motivation, in kleinen Schritten doch eine Veränderung herbeizuführen. Das war ja auch eine der wichtigsten Erkenntnisse in der ersten Phase unserer Plastikabstinenz.

Für mich selbst war der ursprünglich kleine Schritt, den Plastikkonsum unserer Familie zu reduzieren, mit allem, was danach folgte, aber inzwischen schon eine ganz schön große Sache geworden. Ich interessierte mich viel mehr für die Rahmenbedingungen von Wirtschaft und Verschwendung, und der Anspruch, etwas daran zu verändern, wuchs ständig. Schon im Laufe des ersten Jahres unseres »Plastikfrei-Einkaufens« war mir nämlich zunehmend bewusst geworden, dass genau diese Rahmenbedingungen es teilweise geradezu verhindern, dass die Mehrheit der Menschen sich ökologisch und sozial sinnvoll verhalten konnte. Denn Wegwerfmentalität und die Normalisierung von Verschwendung waren ja nicht einfach so zufällig vom Himmel gefallen. Sie waren das Resultat einer Art zu wirtschaften, die quasi davon lebte, dass Dinge schnell kaputtgingen, oftmals kaum reparierbar waren und frühzeitig weggeworfen wurden. Ich gewann immer mehr den Eindruck, dass Wegwerfen und Verschwenden geradezu die Voraussetzung für das Funktionieren dieses Wirtschaftssystems waren, das immer mehr Konsum als Treiber brauchte, den Konsum quasi als Selbstzweck etabliert und Quantität vor Qualität gestellt hatte.

Reparieren oder neu kaufen?

Ein Beispiel dafür war die Geschichte unseres Geschirrspülers. Wir hatten ihn schon aus dem alten Haus mitgebracht, und als er im Alter von zwölf Jahren plötzlich nicht mehr funktionierte, wollte ich ihn reparieren lassen. Der angerufene Techniker stellte am Telefon schon mal rund 250 € für Anfahrt, Diagnose und Reparatur in Aussicht und verkündete mir gleichzeitig, dass ich um knapp 300 € schon einen neuen Geschirrspüler bekommen könnte. In diesem Moment wurde mir bewusst, dass es schon ganz besondere Umstände brauchen würde, mich trotzdem noch für den Erhalt und die Reparatur des alten Geräts zu entscheiden. In unserem Fall bestand der besondere Umstand allerdings darin, dass Peter als Absolvent einer höheren technischen Lehranstalt und Spezialist für Reparaturen jeglicher Art einfach so gut wie alles selbst reparieren konnte. Er baute also den Geschirrspüler aus, stellte den Defekt eines kleinen Schalters fest, besorgte diesen Schalter für rund 70 Cent in einem Elektronikfachgeschäft in Graz und baute ihn wieder ein. Seither läuft das Ding wieder tadellos – mittlerweile ist das auch schon wieder sechs Jahre her. Peters Arbeitszeit von sicher zwei Stunden hat er natürlich nicht verrechnet. Doch wer keinen solchen Haus- und Hoftechniker im Familien- oder Freundeskreis hat, braucht schon eine wirklich ausgeprägte Überzeugung und gute Nerven. Denn mehr als 200 € in einen alten Geschirrspüler zu investieren, wo dann vielleicht demnächst das nächste Teil kaputt wird, muss man sich erst mal leisten können.

Noch schlimmer wird das Ganze, wenn man sich die Produktionsweise von hochmoderner Elektronik, wie zum Beispiel Handys zu Gemüte führt. Teilweise sind gerade die teuersten Geräte mittlerweile so produziert, dass jegliche Reparatur von vorne herein ausgeschlossen ist. Und wenn sie doch repariert werden können, sind Preis und Wartezeit auf diverse Ersatzteile teilweise derartig indiskutabel, dass es in Summe und angesichts der Tatsache, dass mittlerweile teilweise schon jährlich Gratishandys verteilt werden, für die meisten Menschen einer »Nichtreparierbarkeit« gleichkommt. Denn für eine Reparatur mehr auszugeben als für ein neues Gerät, muss man sich in vielerlei Hinsicht erst einmal leisten können. Dabei geht es dann nicht mehr »nur« ums Geld, sondern auch um die Zeit, um das Lebensumfeld, um Überzeugungen und darum, ob ich in einer Lebenssituation bin, die mir die Auseinandersetzung mit diesen Themen überhaupt ermöglicht.

So gesehen ist eine der wesentlichsten Antworten auf die Frage »Was bringt es, wenn nur wir das tun?« aus meiner Sicht: Es bringt jede Menge Bewusstsein für Zusammenhänge und für die notwendigen Veränderungen in Gesellschaft, Wirtschaft und Politik. Durch das eigene Handeln – in unserem Fall eben primär die Plastikverweigerung – und durch die Grenzen, an die wir dabei immer wieder gestoßen sind, hat sich schließlich unser Blick auf sehr, sehr viele Bereiche unserer Gesellschaft stark verändert. Wenn wir etwas tun, was unserer Überzeugung entspricht (aber noch nicht dem Mainstream), kann das durchaus unser Wohlbefinden steigern. Es kann aber mitunter auch anstrengend sein und uns zu viel werden. Und damit bieten Veränderungen des persönlichen Verhaltens auch immer großes Potenzial, unser Bewusstsein für die Notwendigkeit von Veränderungen zu sensibilisieren. Am konkreten Beispiel unseres Geschirrspülers wurde mir klar, dass ein Teil der Wegwerfgesellschaft und damit das Problem der ungehemmten Ressourcenverschwendung und des immer weiter steigenden

CO_2-Ausstoßes wohl damit zusammenhing, dass Reparaturen so teuer und neue Geräte so billig und teilweise von so schlechter Qualität waren, dass Reparaturen sowieso kaum möglich waren.

Künstlich geschaffene Bedürfnisse und die Macht, ihnen zu widerstehen

Wie leicht man in die Konsumfalle tappt, hatte ich eigentlich relativ früh erlebt, als ich mit Anfang zwanzig meine Schulfreundin Elke besuchte, die für ein Jahr in die USA gegangen war. Schon am Tag nach meiner Ankunft lernte ich ein Phänomen kennen, das es bei uns damals zumindest in dieser Dimension noch nicht gab. Elke fuhr mit mir in eine »Shopping Mall«. Und das Ausmaß dieses Megaeinkaufszentrums übertraf schon damals nicht nur alles, was ich bisher gesehen hatte, sondern rückblickend betrachtet auch alles, was ich seither je gesehen habe. Es war eine eigene Stadt in der Stadt mit Hunderten von Geschäften, Restaurants, Kosmetik- und Friseurläden bis hin zum Vergnügungspark und Minicasino. Elke wollte dort wohl irgendetwas Bestimmtes kaufen, und war dieses Überangebot nach einem Jahr schon ein wenig gewohnt. Doch bei mir löste die Reizüberflutung etwas aus, das ich nicht besser beschreiben kann als ein »unbestimmtes Bedürfnis nach irgendetwas«. Während Elke relativ routiniert an den Shops mit Schuhen, Sportartikeln, unzähligen verschiedenen Modegeschäften, Elektronik- und Musikläden vorbeiflanierten, hatte ich mindestens bei jedem zweiten Geschäft das Gefühl, unbedingt hineinschauen und das Sortiment genauer unter die Lupe nehmen zu müssen. Noch dazu, wo mir Elke bereits erklärt hatte, dass gewisse Dinge, wie Sportschuhe und CDs, hier deutlich billiger waren als bei uns. Im Nu waren drei Stunden um, und ich hatte bereits am ersten Tag ein Paar neue Laufschuhe, drei CDs und zwei T-Shirts erstanden. Und das, ohne zu Beginn des Einkaufstrips auch nur das geringste Bedürfnis oder gar eine konkrete Shopping-Idee gehabt zu haben. Tatsächlich hatte ich natürlich nichts davon wirklich gebraucht, doch in diesem Moment war mir das nicht einmal bewusst. Mein Gehirn war offenbar regelrecht überflutet von all den Einkaufsreizen und Angeboten, und die Tatsache, dass es hier so viele unterschiedliche Geschäfte an einem Ort gab und man nicht von einem zum nächsten fahren musste, trug wohl ebenso dazu bei. Und das sollten nicht die einzigen Einkäufe bleiben: Am Ende des Urlaubs musste ich mir tatsächlich auch noch eine zusätzliche Reisetasche kaufen, um all das Zeug, das ich eigentlich nicht wirklich gebraucht hätte, überhaupt nach Hause transportieren zu können.

Erst Jahre später, als ähnliche, wenn auch bei Weitem kleinere Shoppingcenter auch bei uns immer häufiger aus der Erde gestampft wurden, konnte ich die Gefühle und mein Verhalten von damals einigermaßen richtig zuordnen. Die Fülle von Angeboten und die Verlockung, etwas »billiger« zu bekommen, hatten so etwas wie Bedürfnisse in mir geweckt, denen allerdings gar kein wirklicher Bedarf zugrunde lag. Es war also eher ein »Haben-Wollen«, das da geweckt worden war. Und ich konnte dieses Phänomen später mit unseren eigenen Kindern nur allzu oft beobachten, wenn wir hin und wieder in einem Einkaufszentrum oder auch nur in einer größeren Einkaufsstraße unterwegs waren, denn das waren unsere Kinder genauso wenig gewohnt wie ich damals die Shoppingmall. Sobald sie mit all den ungewohnten Eindrücken und Angeboten konfrontiert wurden, kamen alle paar Minuten die Fragen: »Können wir das kaufen? Kann ich das haben?«, was das Einkaufen mit den Kindern stets zur Nervenprobe machte. Mich selbst regten diese Erlebnisse jedenfalls schon lange vor dem Plastikexperiment immer wieder dazu an, über wirkliche Bedürfnisse, den Einfluss von Werbung und über den Unterschied zwischen Wohlstand und Überfluss nachzudenken. Und ich versuchte mit der Zeit Einkaufszentren und ähnliche Orte vor allem mit den Kindern zu meiden. Aber auch an mir selbst bemerkte ich sukzessive, dass meine Kaufbereitschaft sehr stark vom Vorhandensein eines großen Angebots getriggert wurde und ich dann dazu neigte, immer wieder Dinge zu kaufen, die eigentlich überflüssig waren oder deren Kauf ich danach sogar bereute. Und diese Erfahrung wurde im Zuge der Plastikverweigerung vielfach bestärkt und bestätigt.

Die Shopping-Queen unter unserem Dach

Kompliziert wurde es, als irgendwann drei Monate lang Laura als Austauschschülerin aus Ungarn bei uns wohnte. Leonard war für die Zeit ihres Aufenthalts zu Samuel ins Zimmer gezogen, und Laura bekam das kleine Zimmer von Leonard. Laura kam aus Budapest mit zwei riesigen Koffern bei uns an, sie hatte so viele Kleidungsstücke mit, dass der Platz in Leos Zimmer nicht ausreichte, um alles unterzubringen, und sie einen Teil der Sachen im Koffer lassen musste. Ihre Eltern waren offenbar sehr wohlhabend. Laura sprach fast perfekt Deutsch und hatte ein sonniges Wesen. Als ich sie am ersten Abend durch unser Haus führte, war sie allerdings über die Ausstattung unseres Badezimmers schon ein wenig erstaunt. Wir hatten ja dort nur ein paar Seifen, eine zum Duschen, eine zum Händewaschen, eine Haarshampooseife und eine Rasierseife sowie das Xylit zum Zähneputzen. Ich erklärte ihr natürlich den Hintergrund und dass wir eben seit Jahren so gut wie keine Plastikverpackungen mehr kauften. Laura guckte ziemlich erstaunt drein, sie verstand den Sinn der ganzen Sache, glaube ich, nicht gleich. Als Laura dann ihre Kosmetikartikel auspackte, staunte ich dafür nicht schlecht. Wir hatten früher ja auch eine bunte Auswahl an Kosmetikartikeln im Badezimmer, doch Lauras Sortiment übertraf das alles bei Weitem. Alleine für die Haarpflege hatte sie sechs verschiedene Tuben, Flaschen und Sprays mitgenommen. Ich erklärte Laura, dass sie sich natürlich nicht nach unseren Einkaufsgewohnheiten richten musste, bat sie aber, den Müll, der entstehen würde, immer entsprechend zu trennen und in die dafür vorgesehenen Behälter zu geben. Laura nickte freundlich, doch in den nächsten Tagen bemerkte ich, dass sie das wohl doch nicht ganz verstanden hatte. Neben ihrer Liebe zu Kleidung und Kosmetik hatte Laura nämlich auch einen ausgeprägten Hang zu Süßigkeiten, Knabbergebäck und diversen Softdrinks. Und so fand ich zu Beginn ihres Aufenthalts in unserem ansonsten immer sehr spärlich gefüllten Restmüllkorb stets eine bunte Mischung aus Plastikflaschen, Chipspackungen, Bananenschalen, Getränkedosen, verschiedensten Keks- und Schokoladepackungen, leeren Taschentücherpackungen, Kosmetikverpackungen und vieles mehr. Beim ersten Mal sortierte ich den Müll selber, weil Laura gerade in der Schule war, doch beim nächsten Mal war sie zu Hause, und ich holte sie zu mir, um ihr die Mülltrennung noch einmal zu erklären. Doch es brauchte doch noch einige weitere Erklärungen und mindestens drei Wochen, bis Laura unser System der Mülltrennung einigermaßen selbstständig bewerkstelligen konnte. Manchmal kam ich mir schon wirklich ein wenig lästig vor, doch auf der anderen Seite sah ich es auch als meine Aufgabe, Laura unsere Lebensweise näherzubringen. Schließlich hatte sie diesen Austausch auch deshalb gemacht, um Österreich und unsere Art, zu leben, kennenzulernen.

Laura war zum Glück sehr geduldig und bemühte sich auch, doch zwischendurch bemerkte ich auch immer wieder, dass sie von manchen unserer Gewohnheiten wirklich irritiert war. So war es für sie zum Beispiel absolut befremdlich, dass wir uns ein Auto mit einer anderen Familie teilten. Ihre Eltern hatten jeweils ein eigenes Auto, und Laura war es auch gewohnt, dass sie vom Sport oder sonstigen Veranstaltungen mit dem Auto abgeholt wurde. Dass wir am Land lebten und dennoch sehr oft gar kein Auto zur Verfügung hatten, war für sie definitiv befremdlich. Als ich mit Marlene einmal alleine war, sprach sie das direkt an: »Mama, ich glaube, die Laura denkt, dass wir echt arme Leute sind.« Ich war wirklich erstaunt: »Wie kommst du denn darauf?« »Na ja, sie hat mich letztens gefragt, warum wir uns nicht einmal ein eigenes Auto leisten können. Und warum das Auto keine Klimaanlage hat.« Ich musste lachen.

»Und außerdem kauft sie sich ständig neue Sachen, lauter so billiges Zeug. Ich glaube, sie kauft da jedes Mal ein, wenn sie in die Stadt fährt. Aber das wäre mir eh noch egal, aber sie findet das auch komisch, dass ich in Secondhandshops gehe.«

Für mich war es schon irgendwie logisch, dass sowohl Laura als auch Marlene ein wenig irritiert waren. Sie waren in gänzlich anderen Welten aufgewachsen. Für Lauras Eltern – das wusste ich aus ihren Erzählungen – war es wichtig, nach außen zu zeigen, dass sie wohlhabend waren. Autos und ein gewisser Lebensstil waren für sie Statussymbole. Und Laura war offenbar der Meinung gewesen, dass im noch reicheren Land Österreich alle Menschen zumindest so lebten wie ihre Eltern. Marlene hingegen konnte mit Statussymbolen rein gar nichts anfangen, sie war ja mit unserer bewussten Verweigerung gewisser Konsumgewohnheiten quasi groß geworden. Und unser Freundes- und Bekanntenkreis bestand in der überwiegenden Mehrheit ebenfalls aus Menschen, die sich zumindest um einen nachhaltigen Lebensstil bemühten und prinzipiell auch gerne und aus Überzeugung eher sparsamer lebten. Ich versuchte, Marlene zu erklären, dass es für Laura wahrscheinlich nicht leicht verständlich war, dass wir nicht gezwungenermaßen, sondern freiwillig und absichtlich unser Leben so führen, wie wir es tun. Und während ich mit Marlene sprach, wurde mir bewusst, wie luxuriös diese Situation eigentlich war. Wir konnten das alles schließlich nur deswegen freiwillig tun, weil wir es nicht tun mussten. Weil wir uns theoretisch natürlich auch zwei Autos und jede Menge Plastikzeug leisten könnten, aber das eben nicht wollten. Und dieses »Nicht-Wollen« war genau der entscheidende Aspekt, der uns von Menschen unterschied, die keine andere Wahl hatten. Es entsprach immer schon meiner Überzeugung, dass diejenigen, die es »sich leisten konnten«, auch damit anfangen mussten, Veränderungen voranzutreiben, sowohl persönlich als auch durch Engagement für gesellschaftliche Veränderungen – abgesehen davon, dass wirklich finanziell schlecht gestellte Menschen sowohl global gesehen als auch hier bei uns ohnehin meist viel weniger zu Verschwendung und Klimakrise beitrugen als andere, da sie sich meist eben weder Autos noch Fernreisen leisten konnten, in kleineren Wohnungen lebten usw.

Marlene war trotz meiner Erklärungen irgendwie ein wenig enttäuscht von Lauras Verhalten. Doch mich erinnerte es fast ein wenig an meine eigene Situation, als ich vor vielen Jahren zum ersten Mal bei H&M einkaufte, oder auch, als ich in Amerika zum ersten Mal in einer Shoppingmall gewesen war. Damals war ich sogar um einige Jahre älter gewesen als Laura und Marlene jetzt, und dennoch hatte mich der Konsumrausch fest im Griff gehabt. Das riesige Angebot, die gekonnte Bedürfniserweckung, das Gefühl, dass es hier lauter Dinge gab, die ich bei uns gar nicht kaufen konnte, das alles hatte auch bei mir eine große Wirkung gehabt. Marlene konnte das zwar schon ein wenig nachvollziehen, doch es störte sie, dass Laura unsere Art zu leben aus ihrer Sicht nicht entsprechend wertschätzte.

»Ich rege mich ja bei ihr auch nicht auf, dass sie jede Woche neues Gewand und Unmengen von Süßigkeiten kauft. Dann könnte sie ja auch mal akzeptieren, wie ich es mache!«

»Das stimmt natürlich! Ich glaube, das Problem liegt eben darin, dass sie so einen Lebensstil wahrscheinlich in ihrem Umfeld nicht kennt oder eher nur von Leuten, die wirklich arm sind.« So kamen wir schließlich auf den Einfluss sozialer Normen und Ausgrenzung, die einfach dadurch entstand, wie sich das soziale Umfeld und oft auch die Mehrheit verhielt. Oder was für die Mehrheit »normal« war. Und wie sehr sich das eben auch seit meiner Kindheit verändert hatte und wie sich das über die Jahre auf Sparsamkeit und Verschwendung in unserer Gesellschaft ausgewirkt hatte.

Wer braucht was und wie viel?

Marlene und ich sprachen an diesem Nachmittag noch lange über Verschwendung, Verweigerung, soziale Normen, Ausgrenzung, verschiedene Klischees und ihre Auswirkung auf das Verhalten der Menschen. Besonders ausführlich beschäftigte uns das »Teure-Smartphone-Klischee« und das »Bobo-Klischee«, so nannten wir sie jedenfalls. Beide kannte ich aus diversen Debatten über die sozialen Aspekte von nachhaltiger Lebensweise. Das »Bobo-Klischee« betraf vor allem Besserverdiener, die Bio-Lebensmittel kauften, sich überhaupt gesund ernährten, faire Produkte bevorzugten, sich nachhaltig produzierte Vollholzmöbel kauften und dann mit dem Flugzeug Urlaub auf den Malediven machten. Es wurde meiner Erfahrung nach hauptsächlich dazu gebraucht, um Bemühungen, einen nachhaltigen Lebensstil zu führen, als ein Phänomen der Privilegierten darzustellen und damit quasi als sozial unfair abzuwerten. Per Vorurteil wurde quasi jedem, der Biomilch kaufte, unterstellt, dass er sicherlich in irgendeinem anderen Sektor nicht konsequent war. Mit diesem Vorurteil wurde jedes Bemühen, im Kleinen ein Zeichen zu setzen, von vornherein als nutzlos eingestuft.

Das »Teure-Smartphone-Klischee« betraf hingegen finanziell oder sozial eher benachteiligte Gruppen. Um Menschen, die Sozialhilfe brauchten oder aus anderen Gründen nicht »nachhaltig konsumierten«, bloßzustellen, wurde ihnen unterstellt, dass sie prinzipiell nur Fertiggerichte und Fast Food aßen, sich aber dafür immer die neuesten, teuren Handys leisteten. Und alle, die eines der Klischees zitierten, kannten natürlich irgendeinen Fall, der angeblich genau das bewies, mich machte diese Art der Argumentation jedes Mal rasend. Sie war nicht einmal ansatzweise lösungsorientiert. Sie diente lediglich dazu, die Verantwortung jeweils irgendjemand anderem zuzuschieben, Vorurteile zu schüren und nicht dorthin zu schauen, wo das eigentliche Problem lag. Das nämlich lag aus meiner Sicht vor allem darin, dass viele Menschen in unserer Gesellschaft ihre eigentlichen Bedürfnisse gar nicht mehr richtig wahrnehmen konnten und wir alle zusammen in einem System lebten, das der Verschwendung von Ressourcen und sozialer Ungleichheit Vorschub leistete. Dabei nicht mitzumachen, sich zu verweigern, war auf der persönlichen Ebene sicher ein Weg, dem entgegenzuwirken, aber das erforderte eben schon eine gewisse innere Freiheit und Absicherung im eigenen Leben. Angesichts der doch sehr starken Lobbys, die genau an der Aufrechterhaltung dieses Systems sehr viel Interesse hatten, würde es wohl nicht schnell genug gehen, um unsere Lebensgrundlagen zu sichern und die Klimakrise zumindest in einem begrenzten Ausmaß zu halten. Wir waren uns jedenfalls einig, dass weder das »Bobo-Klischee« noch das »Teure-Smartphone-Klischee« in irgendeiner Weise zu einer Verbesserung beitrugen. Im Gegenteil, sie trugen wahrscheinlich eher dazu bei, dass sich ein Gefühl von »Ist eh schon alles egal« ausbreiten konnte. Denn sie vermittelten eine moralische Überlegenheit und brachten die jeweils Betroffenen in eine Verteidigungssituation, die logischerweise nur Abwehr erzeugte.

Das Gespräch mit Marlene beschäftigte mich noch sehr lange und fiel mir auch in den nächsten Monaten immer wieder ein, wenn ich darüber nachdachte, ob und wie ich noch mehr zum notwendigen Wandel beitragen konnte.

Lauras Austauschzeit endete schließlich doch versöhnlich. Sie hatte am Ende der dreieinhalb Monate ihres Aufenthalts unsere Mülltrennung jedenfalls einigermaßen durchschaut. Und auch die Nutzung des öffentlichen Busses und des Zugs waren bald kein Problem mehr gewesen. Da sie ja wirklich ausgesprochen gut Deutsch sprach, schenkte ich ihr gegen Ende ihres Aufenthalts mein Buch »Plastikfreie Zone«, und zum Abschied wollte sie sogar noch ein Plakat von uns mitnehmen, wo wir all unseren Plastikhausrat vor dem Haus aufgetürmt hatten, um es ihren Eltern zu zeigen. Das freute mich persönlich natürlich ganz besonders, und ich hatte das gute Gefühl, dass Laura unsere Art zu leben doch auch ein wenig schätzen gelernt hatte.

Als ich nach ihrer Abreise die letzte Fuhre Plastikmüll aus ihrem Zimmer entfernte und nach draußen in den Gelben Sack brachte, staunte ich allerdings nicht schlecht. Es waren inzwischen schon fast zwei Gelbe Säcke voll geworden. Normalerweise hatten wir ja zu fünft nur ungefähr einen halben bis einen Sack pro Jahr. Laura hatte also in etwas mehr als drei Monaten unsere Jahresplastikmüllmenge mindestens verdoppelt. Das war schon wirklich beachtlich.

Verpackungs-Bewusstsein

Nicht nur in unseren Familiendiskussionen spielt die Frage nach dem Sinn von persönlichen Veränderungen immer wieder eine große Rolle. Auch in Diskussionen im Freundes- und Bekanntenkreis, aber vor allem bei meinen zahlreichen Vorträgen und Lesungen geht es neben den konkreten Tipps zum plastikfreien Einkauf über die Jahre immer mehr auch um andere Themen: um Systemfragen und die prinzipielle Frage, wie man mehr Menschen zu Veränderung ihres Verhaltens bewegen könnte.

Erfreulicherweise ist das Interesse am Thema Plastikvermeidung auch nach Jahren ungebrochen.

Genderfrage

Mich fasziniert die Tatsache, dass es in der überwiegenden Mehrheit Frauen sind, die mich zu Vorträgen, Diskussionsrunden und Workshops einladen, und auch in meinen Vorträgen sind im Schnitt sicher rund achtzig Prozent Frauen. Ich habe mich oft gefragt, woran das liegt. Sind Frauen im Allgemeinen zugänglicher für die Erhaltung unserer Lebensgrundlagen? Oder fühlen sie sich einfach mehr dafür zuständig oder verantwortlich? Sind der Wille und die Motivation, schädliche Verhaltensmuster zu verändern, geschlechtsabhängig? Ich habe das natürlich in keiner Hinsicht wissenschaftlich erforscht oder nachgeprüft, aber die empirische Erfahrung und auch der Austausch mit vielen, vielen Menschen in dieser Zeit hat jedenfalls einen deutlichen Überhang des weiblichen Geschlechts bei der aktiven Bearbeitung dieses Themas ergeben.

Auch bei meinen Vorträgen und Diskussionen auf dem Blog werde ich immer wieder damit konfrontiert, dass Frauen gerne nachhaltigere Konsumgewohnheiten in der Familie umsetzen wollen, doch am Widerstand anderer Familienmitglieder scheitern oder es jedenfalls sehr mühevoll erleben, eine Veränderung herbeizuführen. In solchen Momenten wird mir immer wieder bewusst, wie entscheidend die Einigkeit von Peter und mir für den Erfolg unseres Experiments war und ist. Und auch nach Jahren ist die Grundeinstellung, Dinge nicht verschwenden zu wollen und alles so lang wie nur irgendwie möglich zu verwenden, also im besten Sinne sparsam zu leben, etwas, was uns verbindet und die Weiterentwicklung unserer Idee über Jahre ermöglicht hat. Deshalb ist mein Rat an Menschen, die keine Verbündeten innerhalb der Familie haben, auch ganz eindeutig: Einfach das umsetzen, was man alleine leicht entscheiden kann, und sich ansonsten weder vom eigenen schlechten Gewissen noch von der Familie stressen lassen.

In meinem eigenen Freundeskreis gab es allerdings auch andere Beispiele. Alex, der Mann meiner Trauzeugin Marianne, hat, animiert durch einen Zeitungsartikel über unsere Familie, plötzlich die Idee aufgebracht, auch in der eigenen Familie den Plastikverbrauch zu reduzieren. Das war der entscheidende Auslöser für die ganze Familie, sich mit dem Thema ausführlicher zu befassen. David und Sophia, die beiden Kinder, die mit unseren beiden älteren quasi seit Geburt an befreundet sind und schon einiges von unserem Experiment mitbekommen haben, waren durchaus interessiert, und schließlich sprang das Plastikfrei-Fieber auch noch auf Mariannes Mutter über. Inzwischen interessieren sich auch die Medien nicht mehr nur für unsere Familie und das Experiment, sondern zunehmend auch für Nachahmerinnen und Folgewirkungen. Und so spielen Marianne und ihre Familie schließlich die Hauptrolle in einer neuen ORF-Dokumentation zum Thema Plastikvermeidung. Für mich ist das eine besonders schöne Bestätigung und Motivation, denn Marianne und ihre Mutter sind einfach wunderbar bodenständige Menschen ohne jegliche Abgehobenheit. Die Tatsache, dass sie nun so etwas »Exotisches« wie Plastikverzicht ausprobieren und der ORF, immerhin das staatliche österreichische Fernsehen, ihnen da eine ganze Sendung widmet, gibt mir doch sehr viel Hoffnung, dass es gelingen kann, mehr Menschen als nur den engsten Familien- und Freundeskreis für die Idee zu gewinnen.

Die emotionale und auch inhaltliche Unterstützung für unser Experiment war im Übrigen durch fast alle meine engen Freundinnen über Jahre hinweg gegeben und immer ein sehr wichtiger Anker für mich. Gerade wenn man eine für die Allgemeinheit eher außergewöhnliche Sache jahrelang durchzieht, ist es besonders wichtig, von nahestehenden und wohlwollenden Menschen immer wieder Feedback zu bekommen. In diesem Zusammenhang war vor allem die Frage, ob das, was wir tun, »zu extrem« ist, für mich immer wieder ein Thema. Ich persönlich habe das ja gar nicht so erlebt, denn wir hatten ja von Anfang an erkannt, dass der Plastikverzicht ohne ein paar Kompromisse nicht funktionieren würde, und diese auch von vornherein eingeplant. In der öffentlichen Wahrnehmung waren wir jedoch einfach die »plastikfreie Familie«, und das klang natürlich für Menschen, die sich zum ersten Mal mit dem Thema beschäftigten, doch recht extrem. Doch im Kreise meiner Freundinnen gab es zum Glück nie Anlass für wirklich ernsthafte Kritik oder gar den Vorwurf des »Extremismus«. Hingegen gab es sowohl unter den Leserinnen und Lesern meines Blogs als auch hin und wieder in meinen Vorträgen und Lesungen immer wieder Leute, die unser Experiment auch als zu wenig ambitioniert einstuften. Doch die überwiegende Mehrzahl der Menschen fand es offenbar sehr sympathisch und dadurch auch nachahmenswert, dass wir keinen 100-Prozent-Anspruch verfolgten. Und meine Freundinnen waren ein zuverlässiger Parameter für die Alltagstauglichkeit gewisser Ideen und die Umsetzbarkeit mit Kindern aller Altersklassen.

Neben Marianne versuchten auch Sabine, Nicole, Sonja und Veronika den plastikfreien Einkauf so gut wie möglich in ihren

Alltag zu integrieren. Sabine und Nicole wohnen ganz in meiner Nähe und hatten das Experiment auch von Beginn an durch eigene Recherche und viele hilfreiche Tipps unterstützt. So verdanke ich Sabine zum Beispiel das erste plastikfrei verpackte Klopapier – und damit die große Erleichterung, dass wir nicht »Blätter, die von den Bäumen fallen« benutzen mussten, so wie es die Kinder damals vorgeschlagen hatten – und Nicole hat mir immer wieder in Sachen Kosmetik wertvolle Tipps gegeben. Der Austausch von Kleidung, Schuhen und Sportartikeln unserer Kinder war seit jeher eine sehr wichtige Säule, um Verschwendung zu reduzieren und Geld zu sparen. Über die Auseinandersetzung mit dem Thema Plastik und Verschwendung kamen wir aber auch immer öfter darauf zu sprechen, wie wir mit unserem eigenen Kleidungsüberfluss umgehen oder diesen wenigstens in Zukunft reduzieren könnten. So entstanden vorerst kleine, private Kleidertauschaktionen. Und in weiterer Folge waren diese der Ausgangspunkt für die Entwicklung von weitaus größeren, öffentlichen Kleidertauschmärkten und schließlich sogar eines dauerhaften »Kostnix-Ladens«. Doch dazu später mehr.

Schöpfungsverantwortung und Getränkeverpackungswahnsinn

Begegnungen wie diese bestärkten mich auf der einen Seite sehr, weiterhin dranzubleiben und verschiedenste Menschen zu unterstützen, die in ihrem Umfeld Veränderungen vorantreiben und Projekte umsetzen wollen. Auf der anderen Seite kamen natürlich auch immer mehr Fragen rund um notwendige »Systemveränderungen« auf. Ich hatte ja durch meine Tätigkeit als Gemeinderätin und ein großes Stofftaschenprojekt, das ich mit vier Gemeinden durchgeführt hatte, schon ein wenig Einblick in die Beständigkeit und Hartnäckigkeit von bestehenden Mustern in Wirtschaft und Politik gewonnen. Und auch davon, wie es dann doch gelingen kann, sie hin und wieder aufzubrechen. Ursprünglich war es nämlich nicht möglich, den Bürgermeister meiner eigenen Gemeinde von der Sinnhaftigkeit dieses Projekts zu überzeugen. Ich wollte eine große Stofftaschensammelaktion machen und zusätzlich Kindergärten und Schulen der Region einbinden, um darauf hinzuweisen, welche Unmengen an Stofftaschen es in unseren Haushalten gibt und dass wir sie einfach nur verwenden müssten, um die Verschwendung von Plastiksackerln oder anderen Einwegsackerln zu reduzieren. Gleichzeitig sollten Kinder auch Stofftaschen bemalen und letztlich alle gesammelten Taschen den Bürgerinnen und Bürgern in verschiedenen Betrieben der Gemeinde gegen eine freiwillige Spende zur Verfügung gestellt werden. Anfangs stieß das auf wenig bis kein Interesse, doch als die Berichterstattung über das Thema Plastikmüll und unser Experiment immer dichter und das Interesse der Bevölkerung daran immer größer wurde, klappte es schließlich doch. Die Aktion wurde »Change Bag« genannt, und am Ende waren vier Gemeinden, fast alle Schulen und Kindergärten der Region, sehr viele Gewerbebetriebe und vor allem ganz viele Menschen aus den Gemeinden daran beteiligt, wir konnten über 6000 Stofftaschen sammeln, und die Abschlussveranstaltung war ein Riesenerfolg. Im Anschluss daran waren die Taschen mit dem »Change Bag«-Logo monatelang beim Einkaufen sehr präsent und vor allem auch Gesprächsstoff in der Bevölkerung. Und selbst Leute, die aus irgendwelchen Gründen gerade ein Plastik-

oder Papier-Einwegsackerl aus dem Geschäft genommen hatten, sprachen mich immer wieder auf die Aktion an: »Normalerweise nehme ich eh die Stofftasche« oder: »Ich hab immer ein schlechtes Gewissen, wenn ich meine eigene Tasche vergesse«, war der allgemeine Tenor. Obwohl ich von schlechtem Gewissen gar nicht viel halte, war eines jedenfalls bald klar: Aus dem konkreten Handeln und einer sichtbaren Veränderung war so etwas wie ein neues kollektives Bewusstsein entstanden – zumindest in unserer Region. Und dieses Bewusstsein war nicht das Ergebnis von ausgiebigen theoretischen Abhandlungen oder gar Moralpredigten, es war durch praktische Beteiligung vieler Kinder und Erwachsener und den sichtbaren Erfolg dieser Beteiligung entstanden.

Diese Erfahrung machte mich nicht nur in gewisser Weise stolz, sie war auch ein wichtiger Trigger für meinen Anspruch, an bestehenden Rahmenbedingungen etwas verändern zu wollen. Obwohl ich immer noch glaubte, dass alles zählt, was jede und jeder Einzelne tut, wuchs gleichzeitig auch meine Überzeugung, dass wir auch eine Politik brauchen, die es den Einzelnen erst wirklich ermöglicht und erleichtert, aktiv zu werden und sich »nachhaltig« zu verhalten. Und sei es auch nur dadurch, dass sie Projekte wie »Change Bag« ermöglichte. Aber auch, dass diese beiden Faktoren (das Verhalten der Einzelnen und die Entscheidungen der Politik) sehr eng zusammenhängen und letztlich ständig kommunizierende und sich gegenseitig beeinflussende Gefäße sind, wurde mir in dieser Phase zunehmend bewusst. Um einem Projekt wie »Change Bag« wirklich nachhaltige Wirksamkeit zu verschaffen, braucht es definitiv auch die Überführung in ein langfristiges Konzept – auch das sollte sich an diesem Beispiel noch zeigen.

Die Einladungen von Pfarrgemeinderäten oder anderen kirchlichen Organisationen zum Thema »Schöpfungsverantwortung« waren für mich immer wieder eine sehr inspirierende Sache.

Hier lernte ich Gruppen kennen, die sich schon längere Zeit mit dem Thema der Verantwortung für den Erhalt unserer Lebensgrundlagen beschäftigten und nun durch die Auseinandersetzung mit dem Thema Plastik neue Impulse in die Diskussion, aber auch in ihr tatsächliches Handeln als Organisation bringen wollten. Ich traf auch besonders viele Menschen, die schon lange persönlich um einen möglichst nachhaltigen Lebensstil bemüht waren, aber gerade durch die Erfahrungen, die sie dabei gesammelt hatten, auch zunehmend den Anspruch hatten, an der »systematischen« Verschwendung etwas zu verändern. Gerade bei Diskussionen in diesem Umfeld kamen sehr oft Fragen nach der politischen Verantwortung für bestehende »Verschwendungsmuster« auf. Da viele kirchliche Organisationen sich besonders bemühen, bei ihren eigenen Veranstaltungen möglichst wenig Einwegverpackungen und kein Wegwerfgeschirr zu verwenden und auch noch andere Kriterien wie regionale und Bioerzeugung sowie Verwendung von Fair-Trade-Produkten zu berücksichtigen, wurde immer wieder darüber diskutiert, warum es eigentlich so schwierig ist, Getränke in Mehrwegflaschen zu bekommen. Vor allem in ländlicheren Gegenden waren die Klagen darüber besonders groß. In kleineren Orten standen die Leute oftmals vor der Alternative, nur jeweils einen Supermarkt an jeder Ortsausfahrt als alleinige Einkaufsquelle zur Verfügung zu haben, wo dann Bier als einziges Mehrwegangebot zur Verfügung stand, da hat dann selbst der ambitionierteste Pfarrgemeinderat ein echtes Problem. Wenn es quasi unmöglich ist, in der näheren Umgebung Getränke in

Mehrwegflaschen zu bekommen, wird die Organisation eines müllfreien Festes tatsächlich ziemlich mühsam. Und selbst wenn man ein Angebot hatte, kommen bei kritischen Geistern natürlich auch wieder weiterführende Fragen auf: Ist es ökologisch überhaupt besser, Flaschen mit aggressiven chemischen Substanzen zu waschen und wieder zu befüllen? Wie wirkt sich das höhere Gewicht von Glasflaschen auf die Ökobilanz des Transports aus? Und kommt man am Ende vom Regen in die Traufe, wenn man von Einwegplastikflaschen auf Mehrwegglas umstellt?

Ist öko überhaupt öko?

Ich selbst hatte mich seit Beginn unseres Experiments immer wieder intensiv mit der Frage beschäftigt, ob öko wirklich öko ist. Zahlreiche Studienergebnisse hatte ich gelesen und versucht, die teils doch recht verwirrenden und widersprüchlichen Aussagen auf einen gemeinsamen Nenner zu bringen. Dabei zeigte sich, dass alles verdammt kompliziert wurde, je mehr man sich in gewisse Details vertiefte. Prinzipiell sind die Aussagen zwar eindeutig: Mehrweg ist Einweg ökologisch überlegen, doch bei genauerer Betrachtung wird es dann teilweise schnell unübersichtlich. So spielen eben Produktionsweise, Transportwege und natürlich die Anzahl der möglichen Wiederbefüllungsvorgänge, die Regionalität der Produkte und noch einige andere Faktoren eine entscheidende Rolle. Nach der Lektüre zahlreicher Studienergebnisse mit unterschiedlichsten Ausgangsfragen und Detailergebnissen konnte man durchaus zum Schluss kommen, dass es sich hier um ein auswegloses Dilemma handelt und jeglicher Versuch, durch sinnvolles Einkaufsverhalten die Verschwendung zu minimieren, wissenschaftlichen Erkenntnissen nicht standhalten würde. So braucht die Herstellung von Glas sehr viel Energie und Ressourcen, und dadurch hat Einwegglas offenbar eine mindestens ebenso schlechte und je nach Transportweg sogar schlechtere Ökobilanz als PET-Flaschen. Der Vorteil von Glas ist wiederum, dass es prinzipiell eine sehr hohe Recyclingrate hat und beispielsweise rund zwei Drittel der Glasproduktion in Österreich aus Altglas besteht. Schlecht für die Ökobilanz sind in jedem Fall lange Transportwege von zentralen Abfüllanlagen, und hier spielt dann auch noch mal das Gewicht des Materials eine Rolle. Lange Fahrtwege, egal ob eine Mehrwegflasche zurücktransportiert werden muss oder eine PET-Flasche zum Recycling transportiert wird, sind jedenfalls schlecht. Glas schneidet bei Mehrweg wieder insofern besser ab, weil die Flaschen häufiger wieder befüllt werden können als PET-Flaschen. Das sind übrigens nur ein paar wenige Aspekte, die in der ganzen Debatte eine Rolle spielen. Eine erfreulich klare Aussage gab es zumindest in Richtung der Biertrinker:

So sind laut Marktcheck der Umweltberatung Bierdosen dreimal klimaschädlicher als Mehrwegflaschen, Bier in Einwegglasflaschen verursacht sogar fünfmal mehr Treibhausgasemissionen als Mehrweg-Bier. Und dabei sind das Recycling und die Reinigung bereits berücksichtigt! Nachdem ich das gelesen hatte, war für mich klar, dass diese Aussage prinzipiell auch auf alle anderen Getränke zutreffen muss. Und in Hinblick auf das Material ist entscheidend, wie oft sich Flaschen wieder befüllen lassen. Insofern festigte sich bei mir durch die Auseinandersetzung mit diesem Thema die Erkenntnis, dass es wenig sinnvoll war, das Verschwendungsverhalten einfach nur von einem Material auf ein anderes zu verlagern. In Österreich werden nämlich pro Jahr rund 3,2 Milliarden Liter Getränke abgepackt und getrunken, und dass Verpackung und Transport der Getränke mit einem beträchtlichen Energie- und Rohstoffverbrauch verbunden sind und damit einen wesentlichen, schädlichen Beitrag zur Klimabilanz erzeugen, war und ist jedenfalls eine unbestrittene Erkenntnis.

Dennoch machte sich bei mir in solch intensiven Recherchephasen immer wieder mal das Gefühl breit, dass all diese Studien und Forschungen relativ wenig zur praktischen Lösung des Problems im Alltag beitragen. Gerade in den inspirierenden und hoch motivierten Schöpfungsverantwortungsgruppen gab man sich zum Glück nicht der Verwirrung und schon gar nicht der Tatenlosigkeit hin, sondern versuchte einfache, praktikable und nachvollziehbar vernünftige Lösungen umzusetzen. Also sozusagen das zu tun, was man auch ganz ohne Wissenschaft tun kann. Da gibt es wahrlich genug, und zwar ganz ohne Wissenschaftsbashing! Die Palette der Lösungen ist bei genauer Betrachtung zumindest in einem Land wie Österreich sogar noch weitaus größer als die Anzahl der Probleme. Schon alleine die Tatsache, dass hierzulande wie in Deutschland und der Schweiz eigentlich flächendeckend qualitativ hochwertiges Trinkwasser aus der Leitung zur Verfügung steht und noch dazu auch noch die günstigste Variante ist, stellt eigentlich ein unheimlich tolles Potenzial dar. Dass dennoch sogenanntes »stilles Wasser« massenhaft in Flaschen abgefüllt und in Österreich verkauft wird, schreit geradezu nach Verweigerung! Man sollte meinen, dass diese Banalität keine extra Erwähnung braucht, doch in Zeiten von steigenden Absatzzahlen für Wasser in Flaschen, kommt man einfach nicht umhin, diese einfachste und billigste aller Lösungen immer und immer wieder zu nennen. Bei den

Festveranstaltungen diverser Pfarren war das natürlich meist eine Selbstverständlichkeit. Zusätzlich gab es aber natürlich auch noch andere Optionen, angefangen von regionalen Fruchtsäften, selbst gemachten Verdünnungssäften und dort, wo es ein verfügbares Angebot gab, auch Limos in Pfandflaschen und natürlich das übliche Biermehrwegangebot. Teilweise wurden auch schon diverse »Soda-Wassersprudelgeräte« angeschafft, um den Bedarf an Sprudelwasser möglichst müllsparend decken zu können. Und davon abgesehen, waren viele der Gruppen, die sich für das Thema Schöpfungsverantwortung stark machten, auch durchaus engagiert dabei, in ihren regionalen Umfeldern auf die Verbesserung des Angebots Einfluss zu nehmen. So gab es immer wieder gezielte Anfragen bei Supermärkten bezüglich Wiedereinführung von Mehrwegangeboten im Mineralwasser und Softdrinkbereich sowie bei diversen Säften. Und auch Initiativen für Milchautomaten oder Mehrwegangebote für Joghurts und sonstige Milchprodukte gingen (oftmals angestoßen durch die Diskussionen bei meinen Vorträgen) immer wieder von solchen Gruppen aus. Es war und ist für mich daher immer eine besonders motivierende Angelegenheit, diese Menschen bei ihren Aktivitäten zu unterstützen und mit ihnen über mögliche Lösungen zu diskutieren. Hier geht es nicht ums Jammern oder Lamentieren – hier wurde und wird nach konkreten Lösungen gesucht, und diese Lösungen haben auch immer einen Ansatz, der über die Verantwortungen der Einzelnen hinausgeht und versucht, in den Systemen etwas so zu verändern, dass es die Einzelnen leichter haben. Und es ist damit für mich immer ein Auftrag, diesen positiven Ansatz auch in meine politischen Einflussbereiche mitzunehmen.

Kinder, die die Welt verändern

Auch von vielen Bildungseinrichtungen gibt es Nachfragen nach Vorträgen und Workshops, nicht nur in den Schulen meiner eigenen Kinder habe ich über Monate und Jahre immer wieder Projekte begleitet und Vorträge gehalten und unterschiedlichste junge Menschen bei ihren Arbeiten rund um die Themenschwerpunkte Plastikvermeidung, Nachhaltigkeit und Reduktion von Verschwendung begleitet. Ich bin unglaublich beeindruckt von den Pädagoginnen und Pädagogen, die ihren Bildungsauftrag weit über das Lehren von Wissen hinaus definieren und gerade die Frage zum Thema machen, was die Zukunft unserer Kinder wohl ganz besonders prägen wird: Wie können wir unser unglaublich vielfältiges Wissen, die technischen Errungenschaften und die unglaublich schnell fortschreitende Digitalisierung so einsetzen, dass wir unsere eigenen Lebensgrundlagen und den Zusammenhalt unserer Gesellschaften auch künftig sicherstellen können? Freilich werde ich primär natürlich eingeladen, um über unseren Plastikverzicht zu berichten, doch letztlich landen wir auch in den Schuldiskussionen meist sehr schnell beim allgemeinen Phänomen der Verschwendung. Auch in den Schulen spielt dabei das Thema Getränke eine besondere Rolle. In einer Schuldiskussion an einem Gymnasium kam dabei ein für mich doch erstaunlicher und erschütternder Sachverhalt ans Licht. Ein recht aufgeweckter Zwölfjähriger, der sich in der Diskussion davor schon mehrmals mit kreativen Lösungsvorschlägen bemerkbar gemacht hatte, erklärte mir zum Thema Plastikflaschen seinen Lösungsansatz: »Ich trink einfach Red Bull – das gibt's eh nur in Aludosen!« Seinem verschmitzten Lachen während des darauffolgenden Sturms der Empörung seiner Mitschülerinnen und Mitschüler konnte ich entnehmen, dass er den Einwurf wohl mehr als Provokation gemeint hatte. Zu meiner Erleichterung kam gleich von einigen der Schülerinnen und Schülern der Vorschlag, doch bitte einfach Leitungswasser zu trinken. Die intensive weitere Debatte rund um die in der Schule vorhanden Getränkeautomaten, Aludosen und Angebote des Schulbuffets führte letztlich dazu, dass ich die Frage stellte, warum es in der Schule überhaupt Automaten mit Plastikgetränkeflaschen gab und ob man diese nicht einfach abschaffen und stattdessen auf regionale Säfte und eventuell ein Mehrweg-Softdrinkangebot umstellen könne.

Es stellte sich heraus, dass in Österreich die Aufstellung von Getränkeautomaten in der Autonomie der Schulleitungen liegt oder dies eine Sache des Schulerhalters und der Schulpartner ist. Schulen und Elternvereine können offenbar durch Gewinnbeteiligungen oder Sponsoring der Getränkefirmen ihr Budget aufbessern und damit notwendige Investitionen für die Schule oder Unterstützung für Schulveranstaltungen finanzieren. Im ersten Moment konnte ich eigentlich gar nicht glauben, was da vor sich ging: Da lebt man in einem der reichsten Länder der Welt, mit einem öffentlich finanzierten Schulsystem, wo sich viele Lehrerinnen und Lehrer auch die Erziehung zu nachhaltigen und gesunden Verhaltensweisen zur Aufgabe machen, und dann müssen sich ebendiese Schulen ihr Auskommen durch derartig absurde und kontraproduktive Maßnahmen wie das Aufstellen von Getränkeautomaten finanzieren.

Mir tun auch die vielen engagierten Schülerinnen und Schüler leid, die sich alle möglichen Projekte ausdenken, immer wieder neue Ideen zu Müllreduktion erarbeiten, sich so ehrlich für Veränderungen engagieren und dann durch diese »Systemerhalterautomaten« ausgehebelt werden. Für mich war das wieder einmal ein drückender Hinweis darauf, dass hier auch gesamtgesellschaftliches beziehungsweise politisches Versagen vorliegt. Es kann doch einfach nicht sein, dass gerade unsere Bildungseinrichtungen nicht ausreichend finanziert werden und dann zu solchen Mitteln greifen müssen.

Ich bin mir sicher, dass es für die ursächliche Behandlung dieses Problems wohl tatsächlich nur eine Lösung gibt: Sich auf allen zuständigen Ebenen dafür zu engagieren, dass solche Werbefinanzierungen in Schulen einfach nicht mehr notwendig sind. In diesem Moment war es mir gar nicht so bewusst, aber diese Erfahrung war so etwas wie ein Schlüsselerlebnis für mich, dem noch viele ähnliche folgen sollten. Die Erkenntnis, dass man als Einzelner, ja selbst als Gruppe oft einfach total alleine dasteht, wenn die Bedingungen durch übergeordnete Vorgaben festgefahren sind – wenn »das System« also stärker ist als die Veränderungsfähigkeit Einzelner. Diese Erkenntnis begegnete mir bei all meinen Aktivitäten rund um dieses Thema immer und immer wieder. Ich lernte hoch engagierte Menschen, Gruppen, Initiativen und Organisationen kennen, die sehr ambitioniert versuchten »kleine Schritte« zu gehen und das weitverbreitete Mantra »Jeder kann seinen Beitrag leisten« mit Leben zu füllen. Dabei gab es natürlich immer wieder auch schöne Erfolge, Medien berichteten über diverse Nachhaltigkeitsprojekte, die Leute waren motiviert weiterzumachen, doch sehr oft schienen Projekte dann nach einer gewissen Phase des Hypes und der Euphorie wieder ein wenig einzuschlafen.

Nach wie vor war und bin ich davon überzeugt, dass jeder Schritt zählt und jede Handlung eine Bedeutung hat. Doch irgendwie wurde über die Monate und Jahre auch immer klarer, dass es noch mehr braucht, um die Systematik von Verschwendung und von immer mehr Verbrauch von fast allem zu unterbrechen.

Und da war dann auch wieder dieser Widerstandsgeist, der sich ähnlich anfühlte wie damals, als ich »Plastic Planet« im Kino gesehen hatte und wusste, dass ich nun etwas tun musste, dass es nicht mehr so weitergehen konnte wie bisher. Schließlich musste doch alles, was von Menschen gemacht worden war, auch wieder rückgängig zu machen sein: Gesetze, steuerliche Vorgaben, Förderungen, schlichtweg alles, was die Grundlage unseres Zusammenlebens darstellt. Und es war daher einfach keine Option für mich, Dinge, die offenkundig falsch liefen, auf sich beruhen zu lassen. Man musste nur die richtigen Ansprechpartner finden und dann dort Einfluss nehmen, wo das Grundproblem erzeugt wurde. Und wie ich es auch drehte und wendete, ich kam nicht daran vorbei, dass die grundlegenden Entscheidungen in einem demokratischen System wie unserem wohl nur über die politische Ebene zu verändern waren. Obwohl ich als Gemeinderätin ja auch schon auf einer politischen Ebene tätig war, erlebte ich die Einflussmöglichkeiten hier oftmals als unbefriedigend. Dennoch dachte ich in dieser Phase noch nicht über ein größeres politisches Engagement nach. Es wurde für mich aber auch in meinen Vorträgen und Diskussionsrunden immer wichtiger, auf die Notwendigkeit der Veränderung politischer Rahmenbedingungen hinzuweisen. Und sehr oft kamen diese Hinweise ja auch von Menschen, die selbst schon ähnliche Erfahrungen gemacht hatten wie ich und sehr klar forderten, dass auch »die Politik« etwas tun müsse.

Uniprofessoren, Studentinnen, Klimaschützer und Flugverschwendung

Inzwischen meldeten sich auch immer wieder Studentinnen und Studenten, aber auch Lehrende der Universität in Graz mit Anfragen für Vorträge oder Interviews für diverse Arbeiten. Immer wieder lerne ich dabei sehr interessante Menschen kennen, die aktiv werden wollen und Ideen haben, um Verschwendung zu reduzieren. Eine junge Frau, die sich bei mir gemeldet hatte, beeindruckt mich besonders durch ihre außergewöhnlich positive Ausstrahlung und ihre Begeisterung für eine neue Idee. Sarah war seit 2011 an der internationalen Aufräuminitiative »Let's do it« beteiligt und hat 2012 die österreichische Organisation »Let's do it Austria« gegründet. Nach der Lektüre meines Buches interessierte sie sich für viele Details, und wir trafen uns erstmalig in einem kleinen Lokal in Graz, gemeinsam mit einer Kollegin von Sarah, die auch bei »Let's do it Austria« tätig war. Ich war beeindruckt von Sarahs Tatendrang, und sie sagte mir später noch sehr oft, wie sehr sie meine motivierende und unkomplizierte Art angespornt hatte, ihre damals schon aufkeimende Idee weiter zu verfolgen. Nach unserem Treffen versuchte Sarah nicht nur selbst, immer nachhaltiger zu leben und so gut wie möglich auf Plastik und sonstigen Abfall zu verzichten, sondern sie wechselte auch ihr Studium von Volkswirtschaft auf Umweltsystemwissenschaften und spezialisierte sich auf Abfallwirtschaft. Bei einem späteren Treffen erzählte mir Sarah erstmals von der Idee, einen »verpackungsfreien« Laden in Graz zu eröffnen, und auch von den Schwierigkeiten und Hürden, die ihr dabei begegneten. In den Gesprächen mit Sarah ging es auch immer wieder darum, wie sich die Produktionsweisen der großen Hersteller und die Verkaufspraxis von Handelsketten auf unser gesamtes Konsumverhalten auswirkt und wie das wiederum mit Klimawandel, Ressourcenverschwendung und vielen weltweiten Umwelt- und sozialen Problemen zusammenhängt und wie man hier auf lokaler Ebene entgegenwirken könnte. Sarah war nur einer von vielen jungen Menschen, mit denen ich immer wieder über dieses Thema diskutierte, wobei ich später noch sehr viel mit ihr zu tun haben sollte. Letztlich ging es oft darum, wie ein Ressourcen schonendes und klimafreundliches Wirtschaften erleichtert und unterstützt werden könnte und es damit auch für die Einzelnen leichter werden könnte, einen nachhaltigen Lebensstil zu pflegen.

Lebensmittel retten oder warum unser Kühlschrank immer halb voll ist

Ich gehöre zu einer Generation, die gelernt hat, dass man Essen nicht wegwirft, Lebensmittel waren eine wertvolle Sache, etwas, was man einfach nicht verschwendet. Dafür war neben meinen Eltern, ein weiteres Mal meine Oma sehr stark mitverantwortlich. Sie war es, natürlich auch noch geprägt von den Entbehrungen der Kriegsjahre und Nachkriegszeit, die mir einen extrem sorgfältigen Umgang mit Lebensmitteln vermittelte. Kochen und Essen zubereiten orientierte sich bei ihr primär daran, was gerade da war und aufgebraucht werden musste. Wenn älteres Brot oder Semmeln von den Vortagen übrig waren, wurden Semmelknödel, »Armer Ritter« oder Semmelbrösel daraus gemacht, im Sommer wurde primär das verkocht, was im Garten geerntet werden konnte, und eingekauft wurde prinzipiell nur das, wovon man sicher sein konnte, dass es in den nächsten zwei bis drei Tagen auch tatsächlich gegessen werden würde. Der Kühlschrank war immer gut gefüllt, aber richtig voll war er eigentlich nur zu den Feiertagen, wenn alle zusammenkamen und man wirklich für mehrere Tage Lebensmittel einlagern musste. Dennoch hatte ich nie das Gefühl, dass wir zu wenig hatten oder die Auswahl zu gering gewesen wäre. Wenn manchmal etwas zu viel war und meine Schwester oder ich zum Beispiel ein angebissenes Käsebrot nicht mehr fertig essen wollten, wurde das selbstverständlich für den nächsten Hunger aufbewahrt. Das alles war damals völlig normal und hatte auch bei uns zu Haus Tradition. Vor allem mein Vater, vertrat sehr vehement den Standpunkt, dass man für das Essen, das man sich auf den Teller nahm oder selbst hergerichtet hatte, quasi auch die Verantwortung trug. Das galt auch für die Schuljause, die ich schon damals nach einer kurzen »Alufolienphase« immer in eine Jausenbox gepackt bekam.

Wenn ich an die Qualität unseres Essens zurückdenke, so war diese wohl insgesamt sehr nahe an aktuellen Ernährungsempfehlungen. Es gab maximal ein bis zweimal in der Woche Fleisch, meistens eigentlich nur am Sonntag, vielleicht einmal die Woche Fisch, ansonsten vegetarische Kost, ohne dass man das damals so genannt hätte. Viel Gemüse, Obst, Topfenaufstriche, Eier, Käse, hin und wieder etwas Wurst oder Schinken. Fast alles war regional und saisonal, bis auf Bananen oder Zitrusfrüchte, die es aber nur relativ selten gab.

Die Mengen zu kaufen, die man tatsächlich brauchte, war damals tatsächlich auch einfacher, denn Supermärkte mit entsprechender Selbstbedienungslogistik inklusive »Nimm drei zahl zwei«-Angeboten gab es noch nicht in dieser Menge, beziehungsweise waren sie noch bei Weitem nicht so etabliert. Die kleineren Lebensmittelhändler hatten noch ausreichend Personal, um die Kundschaft zu bedienen und auf den viel beschworenen Kundenwunsch einzugehen. Doch obwohl sich das über die Jahre massiv verändert hat, habe ich gewisse Familientraditionen von Beginn an auch in meine eigene Familie übernommen. Und da Peter auch eine ähnliche familiäre Prägung erfahren hat, war auch bei uns der Kühlschrank, vor allem als die Kinder klein waren, im Normalfall immer eher halb voll. Im Laufe der Zeit änderte sich das aber doch. Denn je größer die Kinder wurden, desto eher löste das Angebot im Supermarkt bei ihnen irgendwelche »Bedürfnisse« aus. Und obwohl ich bei klassischen Süßigkeiten immer schon eher restriktiv war, führte das beständige »Können wir das kaufen?«, vor allem wenn alle drei Kinder dabei waren, doch immer wieder dazu, dass ich mehr einkaufte, als ich eigentlich geplant hatte, und vor allem mehr, als wir dann wirklich auch brauchten. Das war die Zeit, in der unser Kühlschrank immer voller wurde und wir zu meinem größten Bedauern auch immer wieder Lebensmittel wegwerfen mussten, weil trotz Plastikverpackung und längerer Haltbarkeit etwas schlecht geworden war. Aber ich will die Verantwortung natürlich nicht auf die Kinder abschieben. Auch ich selbst hatte in dieser Zeit einfach immer wieder das Gefühl, dass ein besonders günstiges Angebot oder eine Gratispackung eigentlich ein unschlagbares Kaufargument sind und man sich damit etwas »spart«. Und trotz meiner in der Kindheit geprägten Achtsamkeit im Umgang mit Lebensmitteln war offenbar immer wieder der Reiz der Angebotsverlockungen größer. Und obwohl ich auch damals schon sehr sensibel für Umweltthemen war und auch recht viel über mein eigenes Konsumverhalten reflektierte, konnte ich in dieser Phase daraus keine direkte Verhaltensänderung ableiten. Erst durch unser Plastikexperiment änderte sich das wieder sehr grundlegend.

Bei Lebensmitteln, die wir offen kauften und in selbst mitgebrachte Behälter oder Papiersackerln füllten, gab es generell natürlich sehr selten Angebote und selbstverständlich auch keine Großpackungen. Und natürlich war das bei Nahrungsmitteln, die eher schnell verderben, wie etwa Milchprodukten, Käse oder diversen Aufstrichen, anfangs manchmal etwas problematisch. Käse zum Beispiel hatte ich früher doch oft auf Vorrat gekauft und dann längere Zeit im Kühlschrank gelagert. In der Umstellungsphase auf den plastikfreien Einkauf jedoch kaufte ich dennoch zu Beginn manchmal zu große Mengen ein, und dadurch passierte es in dieser Zeit auch hin und wieder, dass ein Stück Käse in der Dose zu schimmeln begann.

Ich gewöhnte mir daher nach und nach an, schnell verderbliche Produkte nur mehr in der innerhalb der nächsten paar Tage benötigten Menge einzukaufen – und bemerkte nach einiger Zeit, wie nahe diese Methode dem Einkaufsverhalten und der Vorratshaltung meiner Oma kam. Der Kühlschrank war jetzt meist wieder nur halb voll, jedenfalls aber hatten Peter und ich meist einen guten Überblick darüber, was vorhanden war und was als Nächstes verkocht oder gegessen werden sollte.

Das sorgte allerdings auch immer wieder mal für Nachfragen von Verwandten und sonstigen Besucherinnen und Besuchern.

»Euer Kühlschrank ist ja halb leer!«, hörte ich immer wieder mal von Freundinnen, die auf Besuch waren und mir zum Beispiel halfen, das gemeinsame Abendessen für die Kinder vorzubereiten. Solche Feststellungen stachelten mich meist an: »Man könnte auch halb voll dazu sagen!« Ich erinnere mich noch gut an eines der darauffolgenden Gespräche mit Marianne. Sie war mit David und Sophia bei uns, und die Kinder hatten den ganzen Nachmittag gemeinsam im Garten Fußball gespielt und waren dementsprechend hungrig. Samuel und David waren damals ungefähr 16 Jahre alt und daher sowieso schon als »doppelte Esser« einzustufen. Und da Mariannes Besuch sehr spontan zustande gekommen war, hatte ich keine Gelegenheit gehabt, extra irgendetwas einzukaufen. Marianne gehört zu den Menschen, die immer etwas mitbringen, wenn sie irgendwohin auf Besuch kommt, doch über ihren Marillenkuchen hatten sich die Kinder schon am Nachmittag hergemacht. Ich hatte zwar ausreichend Brot zu Hause, weil ich am Nachmittag schon in Vorahnung des kommenden Abendessens noch schnell eines gebacken hatte, doch der Kühlschrank war an diesem Tag bei ehrlicher Betrachtung tatsächlich nicht einmal halb voll. Im Wesentlichen bestand der Inhalt aus zwei kleinen Stücken Käse, Butter, einer Flasche Apfelsaft, einem halb vollen Glas mit Topfen (Quark), einem halb vollen Glas mit veganem Aufstrich, einem kleinen Glas selbst gemachtem Pesto, Marmelade, einigen Eiern von unseren Hühnern und ein paar Karotten und Radieschen aus dem Garten. Aus meiner Sicht in Verbindung mit dem frisch gebackenen Brot durchaus noch genug, um für die insgesamt fünf Kinder und Marianne und mich ein ausreichendes Abendessen zusammenzustellen. Am Ende hatten wir zwei Teller voll Käse- und Schnittlauchbrote, eine Schüssel mit Eiaufstrich, einige Brote mit veganem Aufstrich, einen Teller voll Gemüse und sogar noch Oliven, die ich noch in der Speisekammer gefunden hatte. Schließlich verließen alle Kinder satt und zufrieden den Tisch und zogen wieder Richtung Garten. Ich war ebenfalls zufrieden, doch Marianne meinte, sie würde das nervös machen, wenn so wenig Reserven zu Hause seien.

Sie kennt meine Einstellung ja schon seit Langem und hat mittlerweile auch ein gewisses Verständnis dafür entwickelt. In unseren Diskussionen habe ich immer wieder festgestellt, dass für sie ein »voller Kühlschrank« einfach etwas mit Gastfreundschaft oder sogar mit Höflichkeit zu tun hat. Gäste auch spontan jederzeit ausgiebig bewirten zu können, ist für sie einfach wichtig und entspricht ihrem Verständnis von Gastfreundschaft. Bei mir ist das etwas anders gelagert. Auch unser Haus ist seit jeher ein »offenes Haus«, Besuch ist uns jederzeit willkommen, und unsere Kinder haben immer sehr viele Freundinnen und Freunde mit nach Hause gebracht – sehr oft auch unangekündigt. Ich war da wirklich ganz unkompliziert, doch was die Versorgung der Gäste anbelangte, machte ich mir eben keine besonderen Umstände. Irgendetwas gab es immer zu essen und zu trinken, doch für irgendwelche extra Angebote fühlte ich mich bei unangekündigtem Besuch nicht verantwortlich. Manchmal führte das zwar zu diversen Lästereien speziell meiner eigenen Familienmitglieder, doch ich stand immer dazu, dass es mir lieber war, wenn einmal etwas ausging, als wenn wir Lebensmittel wegwerfen müssten.

Und im Laufe der ersten Jahre unseres Experiments lernte ich zum Glück immer mehr Menschen kennen, die in Hinblick auf Lebensmittelverschwendung eine ähnliche Einstellung hatten wie ich, zum Beispiel Maria und Martin.

Foodsharing

Maria, die sich nach der Lektüre meines Buches mit der Idee eines Kostnixladens in der Nachbargemeinde an mich gewandt hat, ist seit dessen Gründung und Eröffnung nicht nur dort ehrenamtlich aktiv, sondern betätigt sich seit 2014 auch als »Foodsaver« in der Foodsharing-Bewegung. Tonnen von Lebensmitteln, die ansonsten im Müll gelandet wären, sind seither alleine durch ihr Engagement kostenlos weiterverteilt worden. Und Maria hat durch ihren Einsatz und die nunmehr auch schon jahrelangen Erfahrungen ebenfalls einen sehr kritischen Blick auf die »Logik der Verschwendung« und die Gründe dafür entwickelt. Einige Berichte aus ihrem reichhaltigen Erfahrungsschatz, hat sie mir für dieses Buch zur Verfügung gestellt, und gerade der Teil, der sich mit dem Foodsharing befasst, ist aus meiner Sicht eine wirklich beeindruckende Zusammenfassung von vielen Aspekten der Verschwendung, dass ich ihn hier direkt zitieren möchte:

»Foodsaver holen im Rahmen von mit dem Kooperationspartner genau vereinbarten Bedingungen Lebensmittel, aber auch fertige Mahlzeiten ab, damit sie nicht weggeworfen werden müssen. Um die Lebensmittel an andere Menschen weitergeben zu können, gibt es ein Fair-Teiler-Netz in Graz mit Kühlschränken und Fair-Teiler-Kästen. (...)

Die Überproduktion, damit der Konsument immer frisches Brot und die volle Auswahl hat, ist so groß, dass es nicht genug Leute gibt, die das Brot, das zu viel ist, essen können – nicht einmal geschenkt (traurig ist das!). Vor allem die Backboxen bei den Lebensmittelgeschäften haben die Situation sehr stark verschlechtert. Die Ware ist sehr minderwertig und hält nicht einmal wirklich einen ganzen Tag frisch. (...) Das Problem ist einerseits der enorme Arbeitsaufwand, aber auch die Logistik der Verteilung, die sehr schnell erfolgen müsste, und das zu Zeiten, wo die Menschen nicht mehr »einkaufen« gehen (sprich spät am Abend). (...)

Überall dort, wo vorproduziert wird, fällt extrem viel Müll an. Das ist beispielsweise das gesamte vorgefertigte Jausengeschäft (Weckerln, abgepackte Salate, Jausensalat, Joghurt mit Frischobst, Obstaufschnitte etc.). Die Ware ist extrem kurz haltbar und wird durch Salat/Tomate/Paprika im Weckerl bereits nach wenigen Stunden unansehnlich. Dazu kommt, dass die Einlagen für die Weckerln großteils industriell vorbereitet werden. Die Tomaten, der Paprika etc. werden nicht vom Mitarbeiter des Lebensmittelgeschäftes geschnitten, sondern in industriell vorgefertigten Plastikverpackungen geliefert, die extrem kurz haltbar sind. Reste müssen am selben Tag entsorgt werden.

Auch bei den Salaten gibt es einen großen Missstand. Viele Salate werden »salatschüsselgerecht« zerkleinert und in Plastik verpackt, damit die Leute nur noch den Salat abschwemmen müssen und er dann sofort verzehrt werden kann. Auch eigene Jausensalatpackungen gibt es, in kleinen Plastikschüsseln verpackte Salate, teilweise sogar mit kleinen in Plastik verpackten Dressings. All das ist ökologischer Wahnsinn. Der Salat hält in dem zerkleinerten Zustand nur sehr kurz, und dazu kommen große Mengen an Verpackungsmüll. Ein sehr großer Anteil dieser Salatpackungen muss aufgrund der kurzen Haltbarkeit entsorgt werden.

Aber auch bei den Buffets in den Restaurants gibt es große Abfallmengen, weil nicht auf Bestellung gekocht wird. Gekochte Speisen dürfen nur für eine sehr kurze Zeitspanne verkauft werden, nach zwei Stunden muss alles entsorgt werden.

Wie man daraus erkennt, hat die Schnelllebigkeit und der zumindest subjektiv immer größer werdende Zeitmangel einen sehr großen Anteil am Lebensmittel- und Verpackungsmüll. Die Menschen machen ihre Jause nicht mehr selbst, aber sie stellen sich auch nicht an, um sich ihr Jausenweckerl befüllen zu lassen, son-

dern laufen durch das Geschäft und nehmen im Vorbeigehen das vorproduzierte Standardprodukt mit, um vermeintlich Zeit zu sparen. Der Salat wird nicht in der Menge zerkleinert, wie man ihn essen will, sondern die vorgefertigte Packung gekauft und die Reste entsorgt. Auch im Restaurant nimmt man sich nicht die Zeit, um aus der Speisekarte zu wählen und darauf zu warten, was der Koch extra für die Person zubereitet, sondern hetzt in das Lokal, nimmt das warm gehaltene Buffetessen und rennt schon wieder zum nächsten Termin weiter. (…) Bei all den Beispielen zeigt sich aber aus meiner Sicht auch noch etwas ganz anderes, nämlich der Missstand, dass man die Arbeitskraft der Menschen nicht mehr bezahlen möchte. Lieber wird Müll in Kauf genommen und bezahlt, als eine zusätzliche Verkäuferin einzustellen, die sich um die Jause kümmert. Lieber wird Buffetessen weggeworfen, als noch einen Koch einzustellen, damit das Essen schneller zubereitet werden kann. Lieber wird Aufbackware aus China angekarrt (sowie viel Chemie für die Haltbarkeit in Kauf genommen), ein eigener Backofen angeschafft und von unqualifiziertem Personal aufgebacken, als einen ausgebildeten Bäcker zu bezahlen, der um drei Uhr in der Früh in der Bäckerei steht, um das Brot im Heimatort für uns zu backen.«

Marias Erfahrungsbericht zeigt unzählige Aspekte der Verschwendung, die auch ich über die Jahre kennengelernt und teilweise schmerzlich erfahren habe. Was mich dabei immer besonders bewegt hat, ist der enge Zusammenhang zwischen Verschwendung von Ressourcen (in diesem Fall eben Lebensmitteln) und der Reduktion beziehungsweise der Ausbeutung von menschlicher Arbeitskraft. Materialverschwendung, Energieverschwendung, Treibhausgasemissionen. Das alles kommt den Unternehmen unter den bestehenden Rahmenbedingungen immer noch günstiger, als ausreichend und einigermaßen gut bezahltes Personal zur Verfügung zu stellen, um wieder ressourcenschonende Erzeugungs- und Verkaufssysteme zu etablieren. Und immer, wenn ich mir solcher Zusammenhänge bewusst wurde, kam ich in den weiteren Überlegungen letztlich zum Schluss, dass hier auf einer »höheren Ebene« umgesteuert werden müsste und dass es Muster und Fehlentwicklungen gab, welche die Einzelnen nur sehr schwer oder gar nicht lösen konnten oder wo es jedenfalls gemeinsame Kraftanstrengung vieler Menschen braucht, um eine Veränderung voranzutreiben.

Vom »*Dumpstern*« und der neuen Plastikwelle in unserem Kühlschrank

Mein Freund Martin startete schließlich eine kleine »Dumpstergruppe« und durchforstete in regelmäßigen Abständen die Mülltonnen und Müllräume der Supermärkte in unseren Gemeinden. Dabei konnten sie an guten Tagen dermaßen viele noch genießbare Lebensmittel retten, dass Martin gemeinsam mit Maria und einigen anderen Helferinnen und Helfern ihre liebe Not damit hatten, alle Lebensmittel rechtzeitig vor dem Verderben zu verteilen. Auch wir gehörten einige Zeit lang regelmäßig zum Kreis der dankbaren Abnehmer. Das wiederum hatte recht spezielle Auswirkungen auf die Qualität und Quantität unseres Kühlschrankinhalts, denn die Tausenden Tonnen an Essen, die von Supermarktketten täglich weggeworfen werden, werden natürlich vorher nicht fein säuberlich ausgepackt, von der Verpackung getrennt und kompostiert. Sie landen, so wie sie sind, in Plastik, Alu, Weißblech, Papier oder auch Glas verpackt, schlicht und einfach im Restmüll! Und so kam es in der intensiven Dumpsterzeit immer wieder dazu, dass sich plötzlich Plastikjoghurts, diverse Milchdrinks in Tetrapaks, aber auch Aufstriche, Käse und manchmal sogar Wurst, in Plastik verpackt, in unserem Kühlschrank wiederfanden. Ebenso war es mit Kuchen oder Brot, Gebäck und Süßigkeiten. Das sorgte bei den Kindern zwar manchmal durchaus für Freude, wenn sich zum Beispiel nach einer Dumpsterlieferung irgendein verpacktes »Kindermilchprodukt« (das ich schon vor unserem Experiment aus Überzeugung normalerweise nicht gekauft hätte) im Kühlschrank befand, andererseits sorgte es aber auch immer wieder für Verwunderung und Diskussionen.

»Nehmen wir jetzt eigentlich alles wieder in Plastik verpackt, egal was es ist?« Marlene wusste natürlich, dass wir diese Dinge von Martin bekommen hatten und sie aus dem Müll geholt worden waren, dennoch empörte sie dieser Fund. »Weißt du eigentlich, was da alles drinnen ist? Mal ganz abgesehen vom Fleisch, das sicher aus übelster Massentierhaltung stammt? Meinst du, wenn ihr diesen Schrott esst, hören die dann irgendwann auf, Unmengen an Essen wegzuschmeißen?«

Marlene ist voll in Fahrt und ich einigermaßen sprachlos.

»Ich sehe das Dumpstern halt als so ähnlich wie unser Plastikexperiment. Es ist einfach ein Mittel, um aufzuzeigen, wie falsch vieles zur Zeit läuft. Und dass man an dieser Art von Wirtschaft dringend etwas ändern muss, weil es eigentlich eine komplette Misswirtschaft ist. Deshalb ist es für mich irgendwie auch okay, dass wir die Sachen dann auch essen, obwohl sie in Plastik verpackt sind und obwohl ich so was sonst nie kaufen würde.«

Marlene ist alles andere als überzeugt: »Ein Zeichen setzen ist, ja o. k. Aber dann wäre es eigentlich besser, jeden Tag mit den geretteten Lebensmitteln gegen den Wegwerfwahnsinn zu demonstrieren! Und gegen plastikverpackte Würstel aus Massentierhaltung sowieso ... dadurch, dass du sie aus dem Müll holst und isst, werden sie nämlich bestimmt auch nicht weniger!«

Im Grunde hat Marlene durch ihre Kritik am Kühlschrankinhalt viele Punkte angesprochen und erkannt, die auch Maria aus ihrer jahrelangen Foodsharing-Erfahrung berichtet hat.

Weder die systematische Verschwendung von Lebensmitteln noch die Produktion von »Junkfood« lassen sich wohl durch Lebensmittelretten und -verteilen strukturell wirklich grundlegend verändern. Man kann all diese Aktionen und Initiativen zwar als ein Aufzeigen der Missstände verstehen. Als einen Versuch, die Verschwendung sichtbar zu machen, zu thematisieren. Und so stehe ich auch nach wie vor absolut dazu, dass diese Dinge eine Berechtigung haben. Doch die Lösung des Problems sind sie definitiv nicht.

Da mir Martin immer wieder von den schier unglaublichen Mengen an Lebensmitteln berichtete, die er in diversen Mülltonnen oder gar Mülllagerräumen von Supermärkten vorfindet, beschloss ich eines Tages, mit ihm gemeinsam auf Dumpstertour zu gehen. Und so brachen wir an einem ganz gewöhnlichen Abend unter der Woche kurz nach Einbruch der Dunkelheit gemeinsam zu einem großen Supermarkt auf. Ich war einigermaßen aufgeregt, denn das »Retten von Lebensmitteln« befand sich in einer rechtlichen Grauzone, und ich hatte keine Lust, dabei erwischt zu werden. Martin, der ja schon weitaus mehr Routine in der Sache hatte, war im Gegensatz zu mir völlig gelassen und meinte: »Die vom Supermarkt sind ja auch nicht wirklich daran interessiert, dass das bekannt wird, was da abgeht.« Damit lag Martin wohl absolut richtig. Wir waren mit unseren Fahrrädern und diversen Packtaschen und Rucksäcken bis zum Parkplatz des Supermarkts gefahren, hatten die Fahrräder hinter einer Hecke abgestellt und waren, nun mit Stirnlampen ausgerüstet, am Weg zur Liefereinfahrt des Marktes.

Als wir schließlich die Tür zum »Müllraum« öffnen, hat das Bild, das sich mir dort bietet, wenig mit Müll zu tun, es sieht eher aus wie ein etwas durcheinandergeratenes Lebensmittellager. Der Raum ist nicht ganz so groß wie unsere Küche und enthält unzählige Stapel von Kisten und Schachteln mit unterschiedlichsten Lebensmitteln und sogar Getränken. Ich bin für einen Moment wie erstarrt – das kann doch nicht alles »Müll« sein?

»Bist du dir sicher, dass wir hier nicht im Lagerraum sind?«, frage ich Martin, nachdem ich mich von der ersten Fassungslosigkeit erholt habe. Der lacht nur: »Schön wär's.«, und hat inzwischen schon begonnen, eine Kiste mit verschiedenen Gemüsesorten und sogar Orangen und Mangos zu durchstöbern. Auf den zweiten Blick sah man allerdings schon, dass nicht mehr alle Lebensmittel, die hier gelagert sind, genießbar sind. In zwei von den fünf Orangennetzen in der Schachtel finden wir zumindest eine leicht schimmlige Orange. Die anderen waren allerdings tadellos. Martin riss die Netze auf, und wir füllten die Orangen in unsere mitgebrachten Stofftaschen. Für mich war das ein wirklich seltsames Gefühl, kaufe ich doch normalerweise aus ökologischer Überzeugung fast nie Orangen. Und hier wurden sie nun massenhaft weggeworfen. Der pure Wahnsinn!

Doch das war erst der Anfang. Wir arbeiten uns durch die Gemüsekisten, und bei der Sichtung des Gemüses wird mir klar, dass sicher 90 Prozent dieses Mülls ohne Weiteres noch genießbar wären. Ich bekomme die erste wirkliche Krise dieses Abends: »Aber das können wir doch nicht alles mitnehmen! Da bräuchten wir ja einen Lastwagen!«

»Heute ist es wirklich wieder besonders viel. Ich habe das Gefühl, dass sie ein bis zweimal pro Woche besonders gründlich ausmisten. Man kann sowieso nie alles mitnehmen. Selbst in den Mülltonnen ist meistens schon mehr, als man tragen kann. Aber hier ist die Auswahl halt besonders groß.«

»Sollen wir nicht noch jemanden anrufen?«, frage ich leicht verzweifelt. »Mit dem, was hier drin ist, könnte man ja locker vier bis fünf Familien eine Woche lang versorgen.«

Es ist total grotesk. Alles ist original verpackt, teilweise sogar noch vor dem Ablauf des Mindesthaltbarkeitsdatums und trotzdem hier im Müllraum. Martin erklärt mir, dass die Verpackungen mit Mindesthaltbarkeitsdatum normalerweise immer schon ein paar Tage vorher aussortiert werden, und dass sich hier irgendjemand die Mühe machen könnte, sie auszupacken und, getrennt von der Verpackung, im Biomüll zu entsorgen, war natürlich völlig illusorisch.

Mittlerweile waren wirklich sämtliche Illusionen von mir abgefallen. Diese Verschwendung hatte System, das war hier ganz offensichtlich. Die Vorstellung, dass es in jedem Supermarkt in Österreich wohl mehr oder weniger ähnlich zuging, ließ mir kalte Schauer über den Rücken laufen. Bis jetzt hatte ich zwar immer wieder darüber gelesen, dass bis zu einem Drittel der produzierten Lebensmittel im Müll landeten, aber das hier war quasi der lebende Beweis dafür. Bei genauerer Inspektion der Produkte stellten wir fest, das so gut wie nichts davon das *Mindesthaltbarkeitsdatum* schon überschritten hatte. Die meisten Produkte, bei denen wir das Datum ablesen konnten, waren

Beim *Müll Sammeln:* Das Entsorgen von Müll in der Natur ist auch in Österreich weit verbreitet.

Einweggetränkeverpackungen gehören zu den häufigsten Fundstücken bei Flurreinigungsaktionen.

Kaffee – ein bisschen Muskelkraft,
dafür kein Müll und umso mehr Genuss.

Das einzige
was überbleibt:
Kaffeesud als Dünger
für den Garten.

Die getrockneten Eier-
schalen haben eine Dop-
pelfunktion: Dünger und
Schneckenabwehr.

Familie und Natur – davon kann man nie genug haben.

Getrocknete Kräuter für den Winter.

Im eigenen Garten wird spürbar,
wie viel Arbeit Bio ist.

Die Secondhandleidenschaft hilft nicht nur Ressourcen, sondern auch Geld zu sparen.

Abschminken geht auch mit waschbaren Teilen aus alten Leintückern.

Selbstgemachtes Deo von einer Bekannten –
garantiert nachfüllbar.

Das wöchentliche Biogemüsekisterl von der
gemeinschaftsgetragenen Landwirtschaft.

Für spezielle Events: Stromerzeugung à la Peter
mit Hilfe eines alten Fahrrads.

Anders Einkaufen ohne Verpackungsmüll
im Spezialgeschäft...

...und im innovativen Einzel-
handelskaufhaus.

Einkaufen im regionalen Bioladen
ist entspannend und hat eine ganz
andere Qualität.

es meist noch ein bis drei Tage bis dahin. Das war wirklich ein Skandal!

Nachdem ich die Ergebnisse meines ersten Dumpsterabends zu Hause verstaut hatte, ließ mir das Ausmaß der Verschwendung, das ich gesehen hatte, einfach keine Ruhe, und ich begann zu recherchieren, wie sich die Situation im Allgemeinen darstellte. Schon die erste Zahl, die mir dabei unterkam, war erschütternd: Weltweit landet ein Drittel der produzierten Lebensmittel auf dem Müll. 173 Kilogramm Lebensmittel werden im Schnitt in der EU pro Kopf und Jahr weggeworfen. Elf Millionen Tonnen landen in Deutschland pro Jahr im Müll, rund 800 000 Tonnen in Österreich.

Als Ursache werden in den Industrieländern vor allem fehlende Einkaufsplanung, nicht ganz der Norm entsprechendes Aussehen und übertriebene Handhabung in Bezug auf das Mindesthaltbarkeitsdatum angegeben (das nichts anderes ist als eine Garantieerklärung des Herstellers und über die tatsächliche Haltbarkeit des Produkts nur sehr wenig aussagt). Europaweit gehen rund 53 % der Lebensmittel, die weggeworfen werden, auf das Konto privater Haushalte. In einem durchschnittlichen Haushalt wird offenbar ein Viertel der eingekauften Lebensmittel weggeworfen, vieles davon sogar noch original verpackt und oftmals sogar vor dem Ablauf des Mindesthaltbarkeitsdatums. 30 Prozent werden in der Landwirtschaft oder durch Produzenten vernichtet, zwölf Prozent in der Gastronomie und fünf Prozent im Handel. Ein absoluter Wahnsinn! Noch schlimmer wurde es, als ich mir die ökologischen Folgen dieser unglaublichen Farce genauer anschaute. Alleine die Verschwendung von Lebensmitteln erzeugte nämlich 3,3 Gigatonnen CO_2 pro Jahr. Damit war dieser unsägliche Umgang mit Essen die weltweit drittgrößte Quelle von klimaschädlichen CO_2-Emissionen, vom Wasser- und Bodenverbrauch, der alleine für die Menge an weggeworfenen Lebensmitteln entsteht, gar nicht zu sprechen. Noch schlimmer ist die Gesamtbilanz bei Fleisch und tierischen Lebensmitteln, da die Tierhaltung alleine für rund ein Viertel aller Treibhausgasemissionen verantwortlich ist und pro Kilogramm Fleisch bis zu 16 Kilogramm Futtermittel notwendig sind. Und bei Meeresfisch ist die Bilanz ebenso erschreckend: Für ein Kilogramm davon werden im Schnitt rund zehn Kilogramm Meerestiere (der sogenannte Beifang) tot ins Meer zurückgeworfen. So gesehen ist das Wegwerfen von Fleisch und Tierprodukten tatsächlich der Gipfel des Wahnsinns! Je mehr ich recherchierte und mir die Dimension des Problems im globalen Zusammenhang bewusst wurde, desto größer wurde meine Verzweiflung und meine Wut. Fleisch und Tierprodukte konnte man so gesehen eigentlich tatsächlich schon für sich alleine als Lebensmittelverschwendung bezeichnen. Zumindest in diesen rauen Mengen, wie sie bei uns verkauft und konsumiert wurden.

Es war einer dieser Momente, wo ich den Tränen nah war. Am meisten regte mich die Dummheit, Unvernunft und maßlose Ignoranz auf, die hinter alldem stecken musste. Aber nein, ich würde mich dem Gefühl, dass das Problem zu groß für mich ist, nicht hingeben! Ich würde fortan unseren halb vollen Kühlschrank mit allen Mitteln verteidigen, meine Sorgen, dass bei einer Feier Essen übrig bleibt, so laut wie möglich hinausposaunen, im Gasthaus weiterhin auf die kleine Portion bestehen, auch wenn sie gleich teuer ist, weiterhin keine »Nimm 3, zahl 2«-Angebote kaufen, wenn ich sie nicht wirklich brauchte, mich beim nächsten Mal Dumpstern gerne erwischen lassen und dann öffentlich davon berichten, welcher Wahnsinn sich in den Lagerräumen und Mülltonnen von Supermärkten abspielt.

Es war auch ein Moment, wo ich spürte, dass ich mehr will! Mehr als nur das, was ich selber tun konnte und ohnehin schon lange versuchte. Was war passiert, seit meine Oma mir erklärt hatte, dass man zuerst das essen muss, was noch im Kühlschrank ist und sonst schlecht wird? Wer oder was hatte diese hochvernünftige Art des Wirtschaftens umgedreht? Warum wurden auf Kosten unser aller Lebensgrundlagen Nahrungsmittel (der wohl wichtigste Bestandteile unseres Wohlstandes) in diesem unfassbaren Ausmaß verschwendet?

Von Wegwerfshirts und nachhaltiger Kleidung

Wie bereits erwähnt war meine Kindheit und Jugend in den 70er- und 80er-Jahren noch geprägt von einem sparsamen Umgang mit Kleidung. Subjektiv betrachtet, empfand ich in dieser Zeit tatsächlich manchmal ein gewisses »Mangelgefühl«. Ab dem Zeitpunkt, wo ich das Gymnasium besuchte, wurde mir nämlich bewusst, dass manche Kinder öfter neue Sachen bekamen als ich und einige sogar Markenkleidung trugen. Bei uns dagegen war neue Kleidung eben besonderen Anlässen wie Weihnachten oder Geburtstag vorbehalten. Ich kompensierte das jedoch dadurch, dass ich relativ früh begann, Secondhandkleidung zu tragen und mir aus alten Kleidungsstücken etwas Neues zu nähen oder sie so aufzupeppen, dass sie jedenfalls auffielen. Als in den 80er-Jahren diese superweiten Oberteile mit Leggins dazu modern waren, war im Übrigen der Kleiderschrank meines Vaters nicht vor mir sicher. Sobald er in der

Früh das Haus verlassen hatte, war ich dort und holte mir einen seiner Pullis oder immer wieder mal auch ein Hemd.

Somit kam ich mit einigen Tricks auch gut über die Teenagerzeit, fast ohne Geld für Kleidung auszugeben, aber auch ohne mir modische Blößen zu geben. Eine Wende und gleichzeitig ein Schlüsselerlebnis in der Entwicklung meines Kleiderkonsums stellte die Eröffnung der ersten H&M-Filiale 1994 in Graz dar. Zufällig war das auch das Jahr, in dem ich begann, als Physiotherapeutin zu arbeiten, und dadurch erstmals selbst über ein Gehalt verfügte. Ich hatte also plötzlich weitaus mehr Geld zur Verfügung, und die Mode von H&M war modisch und dennoch ziemlich günstig, im Nachhinein betrachtet »eine verhängnisvolle Kombination«. Ich verließ die Filiale mit einem ganzen Sack voller neuer Kleidungsstücke, die jedenfalls weniger gekostet hatten als die Marken-Jeans, die ich mir kurz davor mit meinem ersten eigenen Gehalt gekauft hatte. Unglaublich und zumindest für den Moment ein schönes Gefühl! Wie sich das alles so ausgehen konnte, warum diese Kleidung derartig billig verkauft werden konnte, fragte ich mich damals nicht. Mein in gewisser Weise ja nicht selbst gewählter sparsamer Umgang mit Kleidung war damit jedenfalls vorläufig zu Ende. Ich kaufte zwar nach wie vor gerne Secondhandmode, doch zusätzlich einige Jahre lang auch wirklich viel neue Billigmode. Da ich mich aber immer noch ausgesprochen schwertat, Kleidung auszumisten oder gar wegzuwerfen, sammelte sich bei mir einiges an, und ich hatte oft meine liebe Not damit, die vielen Stücke überhaupt noch irgendwie unterzubringen.

Eine erste Wende kam dann erst wieder, als unser erster Sohn Samuel 1996 auf die Welt kam. Damals begann ich mich immer mehr dafür zu interessieren, welche Chemikalien bei der Produktion von Kleidung zum Einsatz kommen: Bleiche, Farbstoffe, Schwermetalle, Weichmacher – all das hatte mich zuvor nie wirklich interessiert, doch meinen Neugeborenen wollte ich all dieser Chemie nicht aussetzen. So kam ich während meiner ersten Schwangerschaft erstmals intensiver in Kontakt mit »Biomode«, und da gab es wirklich wunderschöne Dinge, die ein werdendes Mutterherz höherschlagen ließen. Biobaumwolle, Biowolle, ungebleicht, biologisch gefärbt, schadstofffrei, das alles hatte aber natürlich auch seinen Preis. So erstand ich zwar schließlich zwei besonders nette Teile, und es kam mir sehr entgegen, dass eine Arbeitskollegin, deren Sohn gerade ein Jahr alt geworden war, mir einige seiner gebrauchten Bio-Kleidungsstücke anbot. Bei weiterer Recherche wurde mir klar, dass mein alter Hang zu Secondhandmode auch für das Schadstoffproblem eine gute Lösung sein könnte. Denn durch das mehrmalige Waschen von Kleidung wurden die Schadstoffe wohl großteils herausgewaschen und die Kleidung damit im wahrsten Sinne des Wortes sauber. Das war ein wirklich schlagendes Argument, mit dem ich es nicht nur schaffte, selbst so gut wie kein Geld mehr für Babykleidung auszugeben, sondern auch die schon in den Startlöchern scharrende Verwandtschaft davon abhalten konnte, und mein Standardspruch war: »Ich will einfach kein Gift auf der Haut meines Babys!« Damit konnten selbst die ambitioniertesten Omas einigermaßen in Zaum gehalten werden. Und für die wirklich nicht vermeidbaren neuen Teile schickte ich sie dann halt in den Baby-Bioladen.

Kurz vor Samuels Geburt hatte ich dann dennoch wieder eher ein Überflussproblem, denn die Nachricht, dass ich für unser erstes Kind primär gebrauchte Babykleidung verwenden wollte, hatte sich im Freundeskreis sehr rasch herumgesprochen. Und so kam es, dass ich mit den Kleidungsstücken, die ich geschenkt bekommen hatte, am Ende locker Zwillinge ausstatten hätte können.

Es war aber auch der Beginn einer regen Kinderkleidungstauschbörse, die im Wesentlichen bis zum Teenageralter unserer drei Kinder erhalten blieb und uns neben den Schadstoffen auch sehr viel Geld ersparen sollte.

Auslöser war in diesem Fall also eher ein sehr persönliches Interesse an »gesunder« Kleidung gewesen, die Einsparung von Geld und Ressourcen war eher ein angenehmer Nebeneffekt. Doch mit dem Beginn unserer Plastikabstinenz im Jahr 2009 wurde das Thema für mich wieder um einen neuen Aspekt erweitert. Wir hatten damals zwar Regenjacken und einige andere langlebige Kleidungsstücke aus Kunststoff behalten, aber ich wollte zumindest keine neue Kleidung mehr aus Kunststoff kaufen. Es zeigte sich dann aber auch sehr rasch, dass man – ganz ähnlich wie bei Verpackungen – durch eine reine Materialumstellung weder der ökologischen noch der sozialen Dimension des Themas gerecht werden konnte.

Secondhand: Der zweite Weg zum vollen Kleiderschrank

Merle, eine gute Freundin, arbeitet seit Jahren in der Caritas und ist dort für die Secondhandshops (»Carla-Läden«), wo primär gebrauchte Kleidung verkauft wird, zuständig. Ihre Schilderungen über das Ausmaß des Überflusses sind für mich regelmäßig sehr erschütternd. Denn das, was in den Carla-Läden letztlich zum Verkauf angeboten wird, ist tatsächlich nur ein winziger Bruchteil dessen, was insgesamt an Kleidung bei der Caritas abgegeben wird. Im Endeffekt ist es so viel, dass große Teile davon entsorgt werden müssen. Und die Caritas verarbeitet ja schließlich auch nur einen gewissen Teil der gebrauchten Kleidung. Die Gesamtdimension der Kleiderverschwendung ist also wohl schon alleine in Österreich unschätzbar hoch. Merle selbst bezieht ihre Kleidung hauptsächlich aus den Carla-Läden. Gemeinsam mit anderen diskutieren wir immer wieder darüber, wie wir unseren Bedarf an »neuer« Kleidung in Zukunft einigermaßen ethisch und ökologisch vertretbar abdecken könnten. Als ehemalige Schnäppchenkäuferin habe ich zwar immer noch einen gut gefüllten Kleiderschrank, und Peter weist mich regelmäßig darauf hin, dass dessen Inhalt seines Erachtens für die nächsten 30 Jahre absolut ausreichen müsste. Er selbst ist ja diesbezüglich tatsächlich ein unübertreffliches Vorbild. Er trägt seine T-Shirts stets so lange, bis ich sie mehr oder weniger heimlich entsorge, und es ist fast eine Strafe für ihn, wenn er sich hin und wieder dann doch mal was Neues kaufen muss. Doch ich kann und will mir ein gewisses Bedürfnis nach modischem Erscheinen einfach nicht abgewöhnen. Da es meiner Freundin Sabine recht ähnlich geht und wir die gleiche Kleidergröße sowie einen ziemlich ähnlichen Stil haben, ist schon im ersten Jahr des Experiments die Idee entstanden, Kleidung immer wieder einmal untereinander zu tauschen.

Im Zuge meiner Gemeinderatstätigkeit kam mir schließlich die Idee, in Hinblick auf ein »Kleiderlager« einen Vorstoß in unserer Gemeinde zu machen und somit die Idee des »Kostnixladens« aus der Nachbargemeinde zu importieren. Und so kam es dazu, dass ich mich gemeinsam mit meinen Kolleginnen und Kollegen der Grünen Gemeindegruppe entschloss, zumindest mal einen Kleidertauschmarkt zu organisieren. Er sollte nach demselben Prinzip funktionieren wie der Kostnixladen, aber eben nur für einen Nachmittag. Jeder konnte Kleidung bringen, mitnehmen oder einfach nur so vorbeischauen. Das Ganze sollte komplett ohne Bezahlung ablaufen, wir wollten damit nicht nur ein Zeichen gegen Verschwendung setzen, sondern auch zeigen, dass Dinge einen Wert haben, auch wenn kein Geld dafür bezahlt werden muss. In einem Nebenraum zeigten wir deshalb die Doku »Mode zum Wegwerfen – Das Prinzip Primark«.

Schon beim ersten Kleidertauschmarkt im Frühjahr 2014 kamen erstaunlich viele Leute in die Mehrzweckhalle. Und obwohl im Vorfeld eher die Sorge bestanden hatte, dass womöglich einzelne Leute große Mengen Kleidung mitnehmen würden, blieb am Ende noch so viel übrig, dass wir zwei Kofferräume damit füllen und die Kleidung einer karitativen Organisation bringen mussten. Die Kleidertauschmärkte wurden über die nächsten Jahre immer beliebter und immer stärker besucht. Ich selbst freute mich immer unglaublich darauf, weil ich inzwischen mein Bedürfnis nach neuer Kleidung fast ausschließlich über diese Tauschmärkte deckte. Auch meine Kinder, allen voran Marlene, waren inzwischen regelrechte Fans geworden, selbst Leonard, der anfangs sehr Secondhand-skeptisch gewesen war, zeigte nun doch Interesse. Auslöser dafür war ein neuwertiger blauer Adidas-Pulli, den seine Schwester für ihn gebraucht für ein paar Euro erstanden hatte. Er war nämlich eindeutig derjenige unserer Kinder, der am meisten Wert auf Markenkleidung legte, wusste aber natürlich, dass wir so etwas normalerweise nicht neu kauften. Daher waren die Kleidertauschmärkte, die wir regelmäßig zweimal pro Jahr durchführten, auch immer ein willkommenes Familienevent. Der durchschlagende Erfolg unserer Kleidertauschmärkte hatte aber auch noch einen anderen positiven Effekt, der sich allerdings erst nach einigen Jahren einstellen sollte.

Kostnix

Maria kam aus unserem Nachbarort Gratkorn und hatte 2013 mein Buch gelesen. Sie hatte sich durch meinen Zugang gleich persönlich sehr angesprochen gefühlt, weil auch sie der Typ Mensch war, der gerne das scheinbar Unmögliche versuchte. Im Gesprächen über die zahlreichen Möglichkeiten der Plastikmüllvermeidung kamen wir auch rasch darauf zu sprechen, wie sehr das gesamte Wirtschaftssystem darauf aufbaute, dass Dinge entweder rasch kaputtgingen oder einfach gegen neue ersetzt wurden, obwohl sie eigentlich noch in Ordnung waren. In diesem Zusammenhang erzählte mir Maria bei unserem ersten Treffen auch schon von einer Idee, die sie seit Wochen beschäftigte. Sie wollte gespendete Kleidung, Hausrat, Bücher und sonstige Kleingegenstände sammeln und in einem »Kostnixladen« gratis weitergeben. Die Idee begeisterte mich von Beginn an. Es war für mich genau die perfekte Verbindung von ökologischen und sozialen Ansprüchen und einer Art von »Wirtschaft«, die den Überfluss in unserer Gesellschaft und damit die Notwendigkeit von Veränderungen sichtbar machen konnte. Bald war in der Pfarre ein entsprechender Raum gefunden, doch bis zur endgültigen Zusage des Pfarrgemeinderats waren noch einige Hürden zu nehmen. Es gab viele Bedenken, und es galt vor allem die rechtliche Situation abzuklären. Es war erklärtes Ziel, den Kostnixladen wirklich völlig ohne Geld zu realisieren. Dadurch war die Suche nach geeigneten Möbeln, die verschenkt wurden, sehr zeitaufwendig. Gleichzeitig wurde eine Homepage und eine Facebook-Seite für den Kostnixladen aufgebaut. Für die erste »Füllung« des Kostnixladens wurden schon vorab sehr viele Spenden angenommen: Ich hatte in meiner Gemeinde gemeinsam mit meiner Grünen Gemeindegruppe inzwischen schon mehrmals Kleidertauschmärkte organisiert und Maria hatte sich vom letzten Markt auch ein Auto voll Kleidung geholt, die bei uns übrig geblieben war.

Marlenes Skijacke

Bezüglich Kleidung war Marlene von klein auf sehr unkompliziert gewesen. Sie weigerte sich zwar ab einem gewissen Alter, typische Mädchensachen anzuziehen, trug dafür aber mit Leidenschaft die zu klein gewordene Kleidung von Samuel nach. Und das galt lange Zeit natürlich auch für Skiausrüstung und Skikleidung, doch als Marlene kurz vor ihrem 15. Geburtstag eine neue Skijacke brauchte, war das auf einmal anders. Sie hatte plötzlich doch den Wunsch, dass die neue Jacke ein Damenmodell sein und auch gewisse modische Anforderungen erfüllen sollte. Schon als sie diesen Wunsch erstmals äußerte, stellte sie selbst Überlegungen an, wo man so was nun, möglichst plastikfrei und nachhaltig produziert, herbekommen könnte. Sie hatte sich im Zuge der Kleidertauschmärkte ja auch immer wieder mit den furchtbaren Produktionsbedingungen in Bangladesch, Indien, China und vielen anderen Teilen der Welt beschäftigt und wollte daher entweder eine »plastikfreie Fair-Trade-Skijacke« oder eine »gebrauchte Plastikskijacke«. Das klang harmlos, aber in Verbindung mit ihren modischen Ansprüchen stellte es uns vor ein nahezu unlösbares Problem. Wir

begannen die Suche in der Kategorie »gebrauchte Plastikskijacke« im Bekanntenkreis und in diversen Secondhandshops.
Und tatsächlich fanden wir innerhalb einer Woche fünf Jacken
in Marlenes Größe, die sie entweder gratis oder sehr günstig
bekommen hätte. Marlene war wirklich sehr motiviert, doch
irgendetwas war immer falsch, einmal war es der Schnitt, dann
die Farbe oder das Muster – und ich wollte sie wirklich nicht
bedrängen. Denn im Grunde war ich ja schon sehr stolz, dass
sie sich in ihrem Alter überhaupt schon so bewusst mit diesem
Thema auseinandersetzte. Doch nachdem wir in den nächsten
Wochen so gut wie alle Secondhandshops in Graz und Umgebung durchstöbert hatten und Marlene schon einigermaßen
frustriert wirkte, riss mir der Geduldsfaden: »Dann eben nicht
gebraucht! Dann nehmen wir halt die Kategorie ›plastikfreie
Fair-Trade-Skijacke‹!« Marlene war skeptisch: »Mama, ich hab
eh schon im Internet gesucht, aber da gibt's überhaupt nichts
Gescheites!«. Ich wollte das nicht glauben und begann mit eigenen Recherchen. Doch es war tatsächlich nichts zu finden,
was all unseren Ansprüchen gerecht wurde. Es gab zwar einige
Modelle, die Marlene rein optisch einigermaßen zusagten, aber
Fairtrade war definitiv keines davon, und abgesehen davon, war
ihre längerfristige Eignung als Skijacke aufgrund der verwendeten Materialien nicht gut, einigermaßen wasserdicht war jedenfalls keines der Modelle, die wir gefunden hatten, und da
Marlene als Snowboarderin doch relativ viel Zeit direkt im
Schnee verbrachte, erschien mir das sehr ungünstig – abgesehen von den Preisen, die sich so zwischen 300 und 500 Euro be-
wegten. Also eigentlich indiskutabel waren. Denn obwohl Marlene mit ihren 15 Jahren schon beinahe so groß war wie ich und
wohl nicht mehr allzu viel wachsen würde, rechnete ich nicht

damit, dass sie sich jetzt bereits eine Jacke für die Ewigkeit anschaffen wollte. Wir hatten unsere Suche Anfang November begonnen, und Ende Jänner, drei Wochen vor dem geplanten Ski-
urlaub, reichte es mir. Marlene war zu diesem Zeitpunkt auch
bereits so genervt, dass sie doch lieber Samuels alte Jacke verwenden wollte, als weiterhin nach etwas zu suchen, was offenbar einfach nicht zu finden war. Da Marlene Anfang Februar
2014 ihren 15. Geburtstag feierte und die Jacke eigentlich schon
ein Weihnachtsgeschenk hätte sein sollen, plagte mich inzwischen das schlechte Gewissen. So sprang ich kurz vor ihrem
Geburtstag über meinen Schatten und sagte beim Samstags-
frühstück etwas absolut Ungewöhnliches: »Marlene, nach dem
Frühstück fahren wir los, und du suchst dir einfach irgendeine
Skijacke aus. Wir schauen nicht, woher sie kommt und auch
nicht woraus sie besteht. Du nimmst einfach eine, die dir gefällt. Und sie sollte halt nicht mehr als 150 Euro kosten.«

Im Sportgeschäft gab es trotz fortgeschrittener Saison noch
eine unglaubliche Auswahl an Skijacken, und erfreulicherweise
waren sehr viele auch schon ermäßigt. Bereits nach wenigen
Minuten hatte Marlene ein Modell gefunden, das ihr gefiel, und
nach einer kurzen Anprobe war sie sich sicher, dass sie diese
Jacke haben wollte. Es war eine schwarze Jacke mit einem
pinken und einem grünen Querstreifen. Mein Geschmack war
das nicht, aber Marlene war begeistert. Noch dazu war sie
von ursprünglich fast 90 Euro auf knapp 40 Euro ermäßigt. Ich
war ausgesprochen froh, dass wir diesen langwierigen Prozess
nun endlich beenden konnten. Auf dem Weg zur Kasse bekam
Marlene noch einmal moralische Bedenken, und ich bin auf
der einen Seite sehr beeindruckt, auf der anderen Seite ärgert
es mich, dass meine 15-jährige Tochter sich solche Gedanken

machen muss, nur, weil sie zum ersten Mal eine neue Skijacke bekommt. Das kommt davon, wenn man versucht, die Kinder zum kritischen Hinschauen zu erziehen: Sie können nicht mehr bedenkenlos konsumieren. Dennoch gelingt es mir, Marlenes Bedenken zumindest vorläufig zu zerstreuen, indem ich abschließend verspreche, die Jacke weiterzutragen, wenn sie ihr nicht mehr passt.

Ständig diesen Überfluss vor Augen und doch der zermürbende Prozess, etwas zu finden, das den Ansprüchen gerecht wird. Das ehrliche Bemühen von Marlene, die »richtige« Entscheidung zu treffen, und ich, die sie letztlich überredet hat, ihre Bedenken über Bord zu werfen und einfach das zu kaufen, was ihr gefällt. Die unzähligen Skijacken im Ausverkauf, die wohl trotzdem nicht mehr alle verkauft werden würden. Und die Frage: Was passiert eigentlich nach dem Ausverkauf mit den Jacken, die noch übrig bleiben? Und wie kann es sein, dass eine Skijacke, die aus China hierhergekommen ist, nur 40 Euro kostet? In einem Vortrag an der Uni hatte ich vor einiger Zeit gehört, dass weltweit acht Milliarden T-Shirts pro Jahr produziert werden. Wie viele Skijacken mögen es wohl sein? Und wie viele davon werden wohl zu Müll, bevor sie überhaupt jemals getragen wurden? Aber eigentlich wollte ich das gar nicht so genau wissen. Denn irgendwie hatte sich durch dieses Erlebnis das Gefühl verstärkt, dass es einfach verdammt schwierig und anstrengend sein konnte, in einem System, das offenbar sehr falsch lief, etwas richtig zu entscheiden. Oder präziser gesagt: in einem System, wo offenbar durch Überfluss und Verschwendung Profit erzeugt wird, nach Nachhaltigkeit und Sparsamkeit zu streben. Ich tröstete mich vorläufig damit, dass ich zumindest normalerweise ja meinen Kostnixladen hatte und es doch auch immer mehr Mode gab, die unter sozial fairen und ökologisch nachhaltigen Bedingungen erzeugt wurde.

Doch die Fragen sollten mich nicht mehr loslassen. Im Gegenteil, sie begegneten mir immer häufiger und betrafen schließlich fast alle Lebensbereiche. Es schien mir zunehmend so, als würden wir den Geist, den wir durch unser Experiment gerufen hatten, nun einfach nicht mehr in die Flasche bekommen.

Teil III: Lösungen

Es geht schon lange nicht mehr »nur« um Plastik

Während wir zu Beginn unseres Experiments fast krampfhaft, aber jedenfalls mit großem Sportgeist versucht hatten, für unzählige Plastikartikel einen Ersatz aus anderen Materialien zu finden, hat sich der Fokus innerhalb der Jahre immer mehr auf die Reduktion von Material im Allgemeinen und auf das schlichte Vermeiden von Wegwerfprodukten jeglicher Art verlagert.

Sowohl durch Leserinnen und Leser meines Blogs »Keinheimfürplastik« als auch bei meinen Lesungen und Vorträgen wurde ich immer wieder mit Fragen und Unsicherheiten in Bezug auf die Verwendung aller möglicher Materialien oder auch deren Wiederverwendung oder Verwertung konfrontiert:

Für Papierproduktion wird Holz verbraucht, in Recyclingpapier finden sich oft schädliche Rückstände und Schwermetalle, Glas ist energieaufwendig in der Erzeugung und im Recycling und noch dazu ziemlich schwer, für Bioplastik werden oftmals Nahrungsmittel als Rohstoff verwendet, Aluproduktion erfordert nicht nur unglaublich viel Energie, sondern hinterlässt auch riesige Mengen an giftigen Abfallprodukten und steht noch dazu im Verdacht, verschiedenste gesundheitliche Probleme zu verursachen, und so weiter und so fort! Sogar beim Einsatz von Mehrwegglas halten sich wider aller wissenschaftlicher Belege hartnäckige Gerüchte, dass die Ökobilanz wegen des nötigen Waschvorgangs schlechter sei als bei Einwegplastik.

Das unreflektierte Ersetzen eines Materials durch ein anderes kann tatsächlich leicht vom Regen in die Traufe führen. Denn von der Überflussentwicklung der letzten 50 Jahre ist mittlerweile nahezu alles betroffen, was wir in irgendeiner Weise konsumieren oder verbrauchen können. Und letztlich ist die Klimakrise, die sich in ebendiesem Zeitraum immer mehr zugespitzt hat, auch eine Krise dieser Art des Verschwendungskonsums und der Verschwendungswirtschaft.

Und damit bin ich an einem sehr wesentlichen Punkt angelangt, der mich bei unseren »Plastikfreirecherchen« immer wieder beschäftigt und zu einer für mich sehr wesentlichen Erkenntnis geführt hat: Es gibt einfach kein prinzipiell »gutes« oder »schlechtes« Material – es kommt immer darauf an, wie, wofür, und nicht zuletzt, in welcher Menge wir es verwenden und was wir damit machen, wenn es seinen ursprünglichen Zweck nicht mehr erfüllt. Gäbe es einen hundertprozentig schadstofffreien Kunststoff, und könnte gewährleistet werden, dass dieser auch komplett wiederverwertet oder überhaupt im Sinne eines Mehrwegsystems wiederverwendet wird, so wäre wohl nichts dagegen einzuwenden. Meine über 25 Jahre alte Alu-Proviantdose, mit der ich hin und wieder Käse einkaufe, ist sicher auch kein Problem. Das Problem entsteht vielmehr dadurch, dass die wenigsten Dinge heute noch 25 Jahre halten oder, selbst wenn sie so lange halten würden, nicht so lange benutzt werden.

Langer Rede kurzer Sinn: Wenn man die Klimakrise und zunehmende Umwelt- und Lebensraumzerstörung als Problem sieht (auch darüber gibt es ja bis jetzt noch keinen allgemeinen Konsens), dann liegt die Lösung jedenfalls nicht in irgendeinem Material, das man bedenkenlos verschwenden kann, sondern im sparsamen und sinnvollen Einsatz jeglicher Art von Material und Energie.

Und wir brauchen auch keine wissenschaftlichen Studien, um unseren täglichen Einkauf zu erledigen. Manchmal habe ich sogar das Gefühl, dass gewisse Studien und ihre oftmals unterschiedlichen und teils widersprüchlichen Ergebnisse vor allem dazu missbraucht werden, Verwirrung zu stiften und letztlich bei den Menschen das Gefühl auszulösen, man könne ohnehin nichts Sinnvolles tun. Dabei spielen ganz offenkundig die Interessen der Profiteure des Verschwendungssystems eine wichtige Rolle. Dass die Verschwendung von Material egal welcher Art nichts Gutes ist, kann eigentlich jeder von uns spüren, sagt einem der gesunde Menschenverstand, zeigen aber auch Tatsachen und Fakten wie die Klimakrise und das massenhafte Artensterben mit all ihren Folgen.

Es liegt auf der Hand, dass Materialien wie Holz, Glas, Ton oder Stein, die bereits seit Jahrtausenden von der Menschheit verwendet werden, tendenziell weniger gesundheitliche Risiken beinhalten als chemisch erzeugte Stoffe oder das erst seit vergleichsweise kurzer Zeit als Verpackungsmaterial übliche Aluminium. Dennoch ist in unserem Alltag nicht immer alles vermeidbar, oder wir wollen nicht immer alles vermeiden, auch wenn es prinzipiell vernünftig wäre, wir sind eben Menschen und damit schon mal grundsätzlich nicht perfekt. Und schon gar nicht sind die von uns geschaffenen Strukturen und Systeme perfekt, was es den Einzelnen oftmals massiv erschwert sich vernünftig, sparsam und nachhaltig zu verhalten. Dass sich diese Systeme und Muster so schwer aufbrechen lassen, hat sicher unterschiedliche Gründe. Einer davon ist, meiner Meinung nach, die Tatsache, dass Menschen nun mal »Gewohnheits- und Herdentiere« sind und dazu auch noch ein evolutionär angelegter Hang zur Bequemlichkeit Veränderungen oftmals sehr erschwert. Hinzu kommt, dass die unmittelbaren Auswirkungen der Verschwendungsgesellschaft bei uns kaum sichtbar werden. Die Müllentsorgung funktioniert, es gibt international gesehen sogar relativ hohe Recyclingquoten, Fabrikabgase und Abwässer werden gefiltert, Feinstaub sieht man mit dem bloßen Auge nicht, die Klimakrise und das Artensterben gehen leise vor sich, und ihre jetzt schon wirklich schlimmen Auswirkungen spielen sich (noch) vorwiegend auf anderen Kontinenten ab. Es ist also für viele immer noch nicht ganz einfach ersichtlich, dass es höchste Zeit für ein Ende der Verschwendungswirtschaft wäre. Zusätzlich gibt es wohl auch immer noch zu viele finanzielle Profiteure, welche die notwendigen, ernsthaften Schritte hin zu einem nachhaltigen Wirtschaften blockieren.

Ich möchte in der Folge anhand einiger konkreter Beispiele aufzeigen, wie sich die systemimmanenten Anreize zur Verschwendung auf unsere Familie ausgewirkt haben und welche Alternativen wir gefunden haben: Aber ich möchte auch zeigen, wo wir nicht weitergekommen sind und für mich mit der Zeit immer klarer geworden ist, dass nur durch Engagement, Druck auf Wirtschaft und Politik und letztlich eben entsprechende politische Entscheidungen eine Veränderung herbeigeführt werden kann.

Vom Experiment zur Bewegung

Eine Frage, die uns über die Jahre immer wieder beschäftigt hat, war: »Was bringt es, wenn nur wir das machen?«

Das war bei der Reduktion von Autofahrten nicht anders als bei der Plastikreduktion oder bei vielen anderen Bereichen, die inzwischen von unseren Versuchen, möglichst nachhaltig zu leben, betroffen waren.

Ich selbst war mir da ja meiner Sache inzwischen recht sicher. Schon nach ungefähr eineinhalb Jahren hatte sich unser Experiment für mich völlig normal angefühlt. Von dort an war es für mich eigentlich auch kein Experiment mehr, sondern einfach unser neuer Lebensstil. Es war mittlerweile völlig normal geworden, dass ich beim Weg in die Arbeit immer einige Stofftaschen mit alten Papiersackerln, leeren Dosen und manchmal sogar Gläsern bei mir hatte, um ohne Verpackung einzukaufen. Selbst im kleinen Supermarkt bei uns im Dorf war es inzwischen vollkommen unspektakulär, wenn ich mir den Käse in meine selbst mitgebracht Edelstahldose packen ließ oder Gemüse in ein gut ausgebeuteltes leeres Mehlsackerl verstaute und damit abwog. Und es war nicht nur völlig normal, es fühlte sich auch noch gut an. Es erzeugte bei mir sozusagen ein »Wohlstandsgefühl«!

Refuse – Mit Spaß zum Verzicht

Die amerikanische Umwelt- und Zero-Waste-Bewegung hat seit vielen Jahren das Motto der »drei Rs«: Reduce, Re-use, Recycle, also Reduzieren, Wiederverwenden, Recyceln. Dazu oder vielmehr davor kommt aber meiner Meinung (und nicht nur meiner) noch ein viertes »R«: Refuse, also Ablehnen. Das Ablehnen von »zu viel« nämlich.

Ich persönlich habe mir ja seit dem Plastikfrei-Experiment in einem jahrelangen Prozess in Bezug auf meine Konsumgewohnheiten tatsächlich im Großen und Ganzen eine völlig neue Routine angewöhnt. Und durch viele bewusste Entscheidungen für das »Weglassen« beziehungsweise Verweigern von diversen Konsumgütern hat sich das Leben dadurch nicht einmal verteuert. Im Gegenteil, es ist in vielen Bereichen sogar günstiger geworden.

Vor allem bei Putzmitteln und Hygieneartikeln hat sich über die Jahre durch das simple Weglassen von bestimmten Artikeln ein großes Einsparungspotenzial ergeben. Viele Dinge, wie Klosteine, Küchenrollen, Abschminkpads, Spezialputzmittel für Fenster, Böden und alles Mögliche, haben sich als gänzlich überflüssig erwiesen oder wurden durch langlebige, immer wieder benutzbare Alternativen ersetzt.

Vieles, was anfangs noch mühsam erschien oder zumindest ein ständiges Mitdenken erforderte, ist inzwischen völlig normal geworden: das Haus praktisch immer mit ein bis zwei Stofftaschen zu verlassen, Papierverpackungen von Zucker, Mehl oder anderen trockenen Lebensmitteln, nachdem sie leer sind, gut auszuschütteln, in einer Schublade aufzubewahren und sie dann zum Einkaufen in gewissen Geschäften mitzunehmen, Milchprodukte und Getränke ausschließlich in Glaspfandflaschen zu kaufen, leere Mehrwegkanister für den regional erzeugten Allzweckreiniger zu sammeln und wieder zurückzubringen … Manche Leute halten das alles für unbequem, aber für mich ist es ein sehr gutes Gefühl. Es hat inzwischen sogar etwas Entspannendes für mich, denn ich weiß: Ich muss nicht in einen überfüllten Supermarkt, in dem mich das Überangebot förmlich erschlägt und ich vor lauter Angeboten immer Gefahr laufe, mehr zu kaufen, als ich eigentlich brauche. Ich weiß, dass ich in ein oder zwei Geschäfte gehen werde, wo mich die Besitzer schon kennen, ich genau das bekomme, was ich möchte, und nichts, was ich eigentlich nicht brauche. Ich kann das alles am Weg zur Arbeit oder von der Arbeit nach Hause erledigen, und da wir eine sehr gute öffentliche Anbindung haben, kann ich es auch noch gemütlich per Fahrrad und Zug oder mit dem Bus bewältigen, ohne irgendwo im Stau zu stehen. Es ist also für mich tatsächlich ein gutes Gefühl geworden, auf diese Art und Weise einzukaufen. Doch ist es realistisch, dass das unter den bestehenden Umständen für die Mehrzahl der Menschen zur Normalität wird? Was sollen Menschen machen, die in der Peripherie leben und keinerlei »Spezialgeschäft« in ihrer Nähe haben? Geschweige denn ein gut ausgebautes öffentliches Verkehrssystem, um gegebenenfalls in weiter entfernte Orte zu kommen und dort spezielle Produkte einzukaufen? Und selbst wenn es entsprechende Angebote gäbe: Ist es realistisch, dass viele Menschen, ohne sich selbst einem so extrem bewusstseinsbildenden Prozess, wie es unser Experiment war, auszusetzen, Lebensmittel und Putzmittel in selbst mitgebrachte Behälter und gebrauchte Papiersackerln zu füllen, solange die fertig abgepackten Produkte (vor allem Lebensmittel) immer noch um einiges billiger sind? Oder einen zwölf Jahre alten Geschirr-spüler um den Preis eines neuen reparieren lassen, wenn sie es gerade nicht zufällig selber schaffen, ihn zu reparieren? Und vor allem: Was ist mit den Menschen, die aufgrund ihrer Lebens-umstände gar nicht die Möglichkeit haben, all diesen Dingen so viel Zeit und Aufmerksamkeit zu widmen, wie ich es glückli-cherweise tun konnte?

Angesichts der sich in den letzten Jahren immer mehr zu-spitzenden Umwelt- und Klimakrise stellen sich mir diese Fra-gen auch immer häufiger. Es wird immer klarer, dass wir nicht mehr viel Zeit haben, eine wirkliche Wende zu schaffen. Klima-wissenschaftlerinnen und Wissenschaftler sprechen heute, im Jahr 2019, von maximal zehn Jahren, die uns noch bleiben, wenn wir unwiderrufliche Kippeffekte wie das gänzliche Auftauen der Permafrostböden und damit unkontrollierbare Klimaeffekte mit katastrophalen Auswirkungen auf die menschliche Zivili-sation vermeiden wollen. Reicht das aus, um alle Einzelnen zu überzeugen, anders zu konsumieren, anders zu reisen, weniger zu verbrauchen oder zumindest weniger zu verschwenden?

Wenn ich über diese Fragen nachdenke oder mit anderen darüber diskutiere, komme ich seit Jahren immer wieder zum selben Schluss: Das wird sich wohl kaum ausgehen. Dennoch halte ich das Verhalten und das Engagement jedes Einzelnen nach wie vor für immens wichtig! Nicht alle haben die Wahl, aber diejenigen, die sie haben, sollten sie auch nutzen.

Immer wieder wird mir durch meine direkte, persönliche Be-teiligung bewusst, wie stark die »Plastikfreibewegung« in den letzten zehn Jahren geworden ist. Plastik hat seinen ehemals guten Ruf als Einweg- und Wegwerfmaterial in unseren Brei-ten inzwischen ziemlich verloren. Immer mehr, vor allem auch junge Menschen, geben an, dass sie versuchen, Plastik zu vermeiden, und für viele ist es ein wichtiges politisches Anliegen geworden, die Verschwendung von Plastik und die Vermüllung unserer Lebensräume zu beenden. Und das hat wohl inzwischen auch einiges bewirkt. Zumindest das Marketing großer Handelsketten orientiert sich immer stärker am Wunsch der Kundinnen und Kunden, »nachhaltig zu konsumieren«. Und während der damalige österreichische Umweltminister Berlakovic, als Marlene ihm mit zwölf Jahren schrieb, er möge etwas gegen die Plastikflut unternehmen, noch antwortete, es gäbe in Österreich kein Problem mit dem Müll, hat die letzte Umweltministerin immerhin ein Plastiksackerlverbot ab 2020 vorbereitet – als die EU-Einwegplastikrichtlinie schon beschlossene Sache war.

Doch das wirft natürlich bei kritischen Geistern die nächsten Fragen auf. Sind das wirklich mehr als symbolische Akte? Denn wie wir inzwischen wissen, sind Einwegsackerl, egal aus welchem Material, kein adäquates Mittel gegen Verschwendung und verbessern auch nicht die ökologische Gesamtbilanz. Einzig Sackerln und Taschen, die man immer wieder verwendet, sind letztlich ein sinnvoller Beitrag zum Umwelt- und Klimaschutz. Und hat eine Umweltministerin, die nach jahrelanger Diskussion nun endlich ein Plastiksackerlverbot ankündigt, wirklich alles getan, was in ihrer Macht steht, um der Ressourcenverschwendung und dem drohenden Klimakollaps zumindest in ihrem Einflussbereich entgegenzuwirken?

Immerhin, auch Symbole können wichtig sein. Aber wenn ich mir dann anschaue, wie sich die Zahlen in der Plastikproduktion in den letzten zehn Jahren entwickelt haben und dass pro Jahr acht Millionen Tonnen Plastikmüll in unseren Meeren landen, muss ich ganz klar feststellen: Das wird so nicht funktionieren! Alleine in Europa sind die Produktionsmengen entgegen aller Beteuerungen der Politik, das Problem angehen zu wollen, und trotz aller Versuche der vielen ambitionierten Menschen seit 2009 (also genau im Zeitraum unseres Experiments) von 55 Millionen Tonnen pro Jahr auf 64,4 Millionen Tonnen im Jahr 2017 kontinuierlich gestiegen. Und dabei ist Einweg-Plastik ja trotz seiner inzwischen weltweit unübersehbaren zerstörerischen Folgen nur ein kleiner Teil des Problems. Als Umweltministerin könnte man sich aber, wenn einem das Thema wirklich wichtig ist, auch wirklich große Hebel bedienen und sich für die Veränderung von entscheidenden Rahmenbedingungen einsetzen: Zum Beispiel für ein flächendeckendes Pfandsystem mit einem möglichst hohen Mehrweganteil bei Getränkeverpackungen, Möglichkeiten, auch in kleineren Orten außerhalb von Supermärkten einzukaufen, angepasste Regeln für kleinere Erzeuger, steuerliche Begünstigung von Reparaturbetrieben und ökologisch und sozial sinnvollen Produktionsweisen, um nur mal ein paar aufzuzählen. Warum passiert das alles nicht, wo doch viele dieser Ideen seit Jahren auf dem Tisch liegen? Warum werden diese Ideen nicht einfach umgesetzt? Und wie kann man den Druck so sehr erhöhen, dass es doch passiert?

Ich erinnere mich in diesem Zusammenhang immer wieder an den Kommentar eines Kunststofftechnikers auf meinem Plastikfrei-Blog ganz zu Beginn unseres Experiments. Er befürchtete, dass die Plastikindustrie in kurzer Zeit zusammenbrechen könnte und Zigtausende Arbeitsplätze verloren gehen würden, wenn immer mehr Menschen Plastik verweigerten. Ich war mir zwar zuerst nicht ganz sicher, ob er das ernst meinte, versuchte es aber dann doch mit einer ernsthaften Antwort. Für mich war nämlich damals schon klar, dass eine so gravierende Entwicklung, wie er sie in den Raum stellte, nur schrittweise vor sich gehen kann und bestimmt nicht ohne Veränderung der gesetzlichen Rahmenbedingungen. Und außerdem würden bei einer schrittweisen Reduktion vor allem von Einwegplastik natürlich sukzessive andere Bedürfnisse entstehen. Wenn es kein Wegwerfgeschirr mehr gäbe, würde zum Beispiel mehr Bedarf an Geschirrverleih entstehen. Weniger Einwegplastikflaschen würden mehr Bedarf an Mehrwegflaschen erzeugen und so weiter. Und in all diesen Bereichen gäbe es natürlich sehr großes Potenzial für nachhaltige Arbeitsplätze. Wahrscheinlich sogar für weitaus mehr als bisher. Es war für mich immer wieder erstaunlich, wie wenig Vorstellungskraft und Visionen manche Menschen hatten, wenn es darum ging, eine gute Wirtschaft und eine gesunde Umwelt unter einen Hut zu bringen.

Die gute Botschaft ist allerdings: In allen Problembereichen gibt es auch zunehmend mehr Menschen, Initiativen und auch Betriebe, die an Lösungen arbeiten und sich über die direkte, persönliche Verantwortung hinausgehend gegen die Verschwendung und Zerstörung unserer Lebensgrundlagen engagieren. Ich denke, jeder von uns kennt heutzutage solche Menschen. Einige von jenen, die ich selbst kennengelernt habe, habe ich ja bereits vorgestellt, weitere werden folgen – denn fast überall, wo Verschwendung im Alltag sichtbar und spürbar wird, gibt es inzwischen auch Menschen, die versuchen das auch systematisch zu verändern.

Bei mir persönlich hat sich über die Jahre vor allem das Bewusstsein dafür geschärft, dass es nicht funktionieren kann, den Menschen ständig zu erklären, was oder wie sie konsumieren müssen, damit sich alles »zum Guten« wendet. Der Satz:

»Die Konsumentinnen und Konsumenten haben die Macht!«, hat sich für mich in so vielen Situationen im genau umgekehrten Sinne bewahrheitet, dass ich ihn mittlerweile als ziemlich scheinheilig empfinde. Wo liegt denn die viel beschworene Macht der Konsumenten, wenn es kein einziges Joghurt im Pfandglas gibt oder keine einzige bezahlbare Skijacke, die wenigstens unter fairen Bedingungen hergestellt wurde? Diese Scheinheiligkeit hat mich in unserem langjährigen Erfahrungsprozess des »anders tun als die meisten« immer wieder einigermaßen wütend gemacht, aber schließlich eben auch dazu geführt, dass ich mich noch mehr als bis dahin für Veränderungen engagieren wollte. Immer wenn ich darüber nachdenke, warum ich begonnen habe, mich politisch zu engagieren, fällt mir eine Begebenheit aus dem Jahr 2013 wieder ein.

Ein Vortrag mit Folgen

Da ich selbst seit dem Jahr 2010 als Grüne Gemeinderätin tätig war, wurde ich natürlich auch immer wieder von anderen Grünen Gemeindegruppen zu Vorträgen und Lesungen eingeladen. Bei einer dieser Einladungen hatte ich eine Begegnung, die in der Folge noch sehr bedeutsam werden sollte. Neben mir war auch noch eine Grüne Landespolitikerin eingeladen. Ich kannte Ingrid aus meinem Heimatort schon seit vielen Jahren. Und vielleicht lag es auch ein bisschen an ihrer Anwesenheit, dass sich die Diskussion an diesem Abend ungewöhnlich schnell in eine politische Richtung bewegte. Nach ein paar üblichen Fragen zu konkreten »Plastikfrei-Einkaufstipps« kam die Diskussion auf, wie man die riesige Verschwendung von Verpackungsmaterial in der Baubranche und die Tatsache, dass Autos durch die Verwendung von Kunststoff zwar theoretisch leichter und damit sparsamer gebaut werden könnten, in der Realität aber dafür immer größer gebaut wurden, beeinflussen könne. Und ein Mann, der vorher schon recht kritisch mitdiskutiert hatte, stellte schließlich die Frage: »Und was tut die Politik da eigentlich? Wie sollen denn die einzelnen Konsumenten und Konsumentinnen da etwas verändern? Wenn man sich diese Mengen anschaut, dann sind ja all die Kleinigkeiten und die Plastiksackerln, die wir da vermeiden könnten, nur ein Tropfen auf den heißen Stein. Wenn die Politik da nichts vorgibt, bringt das doch alles nichts.«

Damit hatte er gleich zwei Punkte getroffen, die mich selbst immer wieder beschäftigten. Und da er die Frage auch direkt an mich gerichtet hatte, legte ich, ohne zu zögern, los: »Ja, das stimmt natürlich, dass in vielen Bereichen die Möglichkeiten der Einzelnen begrenzt sind. Aber ich bin trotzdem überzeugt davon, dass jeder kleine Schritt oder jeder ›Tropfen‹, wenn Sie es so nennen wollen, wichtig ist. Es hat keinen Sinn, sich auf die großen Schritte auszureden, wenn man selber nicht einmal die kleinen gehen will. Denn es zählen einfach alle Schritte, solang sie in die richtige Richtung gehen. Und je mehr kleine Schritte von vielen Menschen gemacht werden, umso mehr beeinflusst das eben auch die politischen Entscheidungen!« Das entsprach meiner Überzeugung, dass »die Politik« im Wesentlichen nicht anders war als die Menschen selbst. Schließlich wurde sie auch nur von Menschen gemacht. Und die Entscheidungen wurden eben letztlich immer von Mehrheiten getroffen, die in einer Demokratie ja zum Glück veränderbar waren. »Und so gesehen haben alle hier im Raum, die wahlberechtigt sind, auch die Möglichkeit mitzuentscheiden, ob sich politisch die großen

Schritte in Richtung Umwelt- und Klimaschutz umsetzen lassen!«, setzte ich fort und bekam einen Zwischenapplaus, doch der kritische Herr im Publikum war nicht so leicht zu beeindrucken.

»Solange irgendjemand und meistens die ganz großen Player bestens an der Verschwendung verdienen, wird die Politik aber nichts an den Regeln ändern. Letztlich regiert ja doch nur das Geld!«

Das konnte ich so nicht stehen lassen: »Ich weiß, dass diese Sichtweise weitverbreitet ist, aber für mich zeigt das, was Sie da sagen, ja nur, wie sehr doch alles zusammenhängt. Solange nicht eine gewisse kritische Masse von Menschen die Verschwendung beenden und anders leben will, wird es wohl so bleiben, wie Sie es gerade geschildert haben. Wenn aber immer mehr Menschen erkennen, dass es so nicht weitergeht, dass wir die Zukunft unserer Kinder gefährden und anderswo auf der Welt Menschen wegen unseres Konsum- und Verschwendungswahnsinns keine Lebensgrundlagen mehr haben und wenn diese Menschen das dann nicht nur erkennen, sondern auch anfangen, danach zu handeln, dann wird sich auch an der Wirtschaft und der Politik was verändern. Denn alles, was Sie beschreiben, funktioniert jetzt nur deswegen, weil alle mitspielen! Und genau deswegen bin ich ja so überzeugt davon, dass Menschen anfangen müssen, es selbst anders zu machen und sich für eine Politik zu engagieren, die das unterstützt!« Wieder Applaus – ich bin überrascht und gleichzeitig voll motiviert. Denn in diesem Moment war für mich etwas ganz deutlich spürbar, was ich schon in den letzten Monaten bei meinen Vorträgen und auch bei den vielen Begegnungen mit Menschen, für die wir zum Vorbild geworden waren, immer wieder in Ansätzen gespürt hatte: Das, was jeder Einzelne tun kann, beeinflusst Politik und Wirtschaft – und umgekehrt!

Ingrid hatte im Verlauf des Abends über einige politische Aktivitäten und verschiedene Initiativen zur Müllvermeidung im Landtag berichtet und meine Ausführungen immer wieder unterstrichen und bestärkt. Wir redeten noch ein wenig über verschiedene Projekte, Aktivitäten und politische Möglichkeiten, und am Ende des Gesprächs stellte Ingrid für mich recht unvermittelt die Frage, ob ich mir eigentlich schon einmal überlegt hätte, etwas mehr in die Politik einzusteigen. Ich war überrascht. Und da ich eh schon im Gemeinderat sitze, hatte ich an mehr eigentlich noch nie gedacht. Ich hatte ja mit Beruf, Familie, Gemeinderat und all den Vorträgen eh schon kaum mehr für irgendetwas Zeit. Doch Ingrid blieb hartnäckig, und zu meiner Überraschung gesellte sich so etwas wie Verlegenheit. Ich war mir sicher, dass Ingrid so etwas nicht unbedacht oder leichtfertig vorschlug, und fühlte mich dadurch einerseits geehrt, andererseits wurde mir aber auch bewusst, dass ich selbst tatsächlich noch nie daran gedacht hatte, so einen Schritt zu tun. Ingrid, die meine eher verhaltene Reaktion wohl richtig deutete, meinte abschließend nur, ich solle doch mal darüber nachdenken und wir könnten ja dann wieder mal darüber reden. Dieses Angebot nahm ich gerne an, doch in diesem Moment war mir noch nicht bewusst, welchen Floh mir Ingrid da ins Ohr gesetzt hatte.

Lebensmittel wieder schätzen lernen

Biokiste, GeLaWi und der eigene Garten

Auf der Suche nach möglichst unverpackten Lebensmitteln hatte ich schon vor Jahren begonnen, bei einem Biobauern Obst, Gemüse und teilweise auch Milchprodukte und Getreide zu bestellen. Der Umgang mit Lebensmitteln änderte sich durch die wöchentliche Zustellung des Biokisterls drastisch. Es erforderte natürlich eine gewisse Vorausplanung, dafür hatten wir im Normalfall für eine Woche genau die richtige Menge an Lebensmitteln zu Hause und ersparten uns im Großen und Ganzen das Einkaufen. Das wiederum hatte den unschätzbaren Vorteil, dass wir uns nicht den Angeboten und Verlockungen von Supermärkten auslieferten und somit auch kaum in Versuchung kamen, irgendetwas Unnötiges zu kaufen. Somit waren die größten Gefahrenquellen für Lebensmittelverschwendung im eigenen Haushalt deutlich reduziert. Doch auch unser eigener Garten war ein wesentlicher Beitrag für die steigende Wertschätzung von Lebensmitteln in unserer Familie. Bei unserem alten Haus in Graz hatte ich nur ein paar Kräuter im Garten gehabt, doch als wir dann aufs Land zogen, wollte ich auch Gemüse anbauen und begann zunächst ziemlich planlos mit dem Säen, Ziehen und Pflanzen von Gemüse. Ich hatte immer den Garten meiner Oma vor Augen, wo von März bis September so viel Gemüse gewachsen war, dass es in verarbeiteter Form auch noch von Oktober bis Februar reichte. Zu Beginn meiner Gartenkarriere hatte ich auch die naive Vision, dass es doch gelingen müsste, zumindest in den Sommermonaten den Gemüsebedarf unserer Familie selbst zu erwirtschaften, doch das klappte nicht einmal im ersten Jahr auch nur annähernd, als der Boden noch frisch, ich voll motiviert und vor allem durch die Karenzzeit mit Leonard zu Hause war und dem Garten sehr viel Zeit und Aufmerksamkeit widmen konnte. Es wuchs zwar alles prächtig, und auch die Schädlinge hielten sich noch in Grenzen, doch ich hatte natürlich klassische Anfängerfehler gemacht, alles auf einmal gepflanzt und von manchen Pflanzen überhaupt viel zu viele angesetzt. So hatten wir zeitweise eine Zucchini- und Salatschwemme, und ich kam mit dem Verschenken des Gemüses gar nicht nach. Dann war aber auch alles ziemlich gleichzeitig wieder zu Ende, und in Summe war es auch über den Sommer einfach nicht genug. In den nächsten Jahren kamen dann die roten Wegschnecken, Maulwurfsgrillen und Kartoffelkäfer, und da wir kein Gift verwendeten, kosteten uns diese Tiere viele Arbeitsstunden oder eben einen Teil der Ernte. Schon in dieser Zeit wurde mir sehr klar, wie viel Aufwand und Arbeit biologischer Gemüseanbau in größeren Mengen sein musste, und ich bewunderte meine Oma im Nachhinein noch viel mehr. Für mich waren diese persönlichen Erfahrungen sehr prägend, denn wenn man im eigenen Garten erlebt, was alles dahintersteckt, bis man ein paar Paradeiser (Tomaten) ohne Braunfäule ernten kann, dass man tagelang Erdäpfelkäfer abklauben musste, um letztlich einen Ertrag von zehn Kilogramm Erdäpfeln einzubringen, wie viele Salatpflänzchen den Schnecken oder Maulwurfsgrillen zum Opfer fallen, dann lernt man Biogemüse wieder ganz anders schätzen! Es wurde wirklich jedes genießbare Stückchen aus unserem Garten verwertet, und wenn es auch nur ein Viertel Kohlrabi war, weil der Rest von Schnecken angefressen war. Immerhin war es definitiv bestes Biogemüse.

Dennoch war ich sehr froh, als schließlich Anna, eine Bekannte aus unserem Ort die Biogärtnerei ihrer Mutter übernahm und ich erfuhr, dass sie eine sogenannte *GeLaWi* (gemeinschaftsgetragene Landwirtschaft) gründen wollte. Dabei beteiligen sich sogenannte Ernteanteilnehmer zumindest ein Jahr lang fix und zu vorab vereinbarten Konditionen an den Erträgen der Landwirtschaft und gleichen mit ihren Beiträgen auch etwaige Ausfälle aus. Wenn sich ausreichend Ernteanteilnehmer finden, ist die Landwirtschaft damit zumindest immer für ein Jahr finanziell abgesichert, es gibt keinen Zwischenhändler, dadurch gehen die Beiträge direkt an die Landwirtin, und man erhält wöchentlich das Obst und Gemüse, das zur jeweiligen Jahreszeit eben gerade wächst, wobei natürlich auch Folientunnel verwendet wurden und im Jänner Ruhezeit war. Für mich war das eine großartige Möglichkeit abseits der Freuden und Mühen des eigenen Gartens, biologischen Gemüseanbau zu fördern und regelmäßig Biogemüse ins Haus zu bekommen. Wir verpflichteten uns also vorerst für ein Jahr zur Beteiligung an der GeLaWi und erhielten dafür wöchentlich eine Kiste mit Biogemüse. Dabei lernte ich nicht nur mir bis dahin völlig unbekannte Gemüse und Kräuterarten kennen, sondern auch noch einmal sehr viel über die Verarbeitungsmöglichkeiten und die Verwertung der unterschiedlichen Gemüseteile. Denn Anna schickte zum wöchentlichen Kisterl per Mail immer eine Beschreibung und Informationen zur Verwendung der Gemüsesorten sowie einige Rezepte dazu. Dadurch lernte ich, dass fast bei allen Gemüsesorten auch Anteile, die ich zuvor immer weggeworfen hatte, gut zum Essen geeignet waren. Zum Beispiel das Kraut der Karotten oder die Blätter der Kohlrabi, die man sowohl roh als auch sehr gut gekocht essen konnte, zumindest dann, wenn sie noch relativ jung waren. Dadurch wurde der Inhalt des Gemüsekisterls meist wirklich komplett verwertet. Ein wirklich gutes Gefühl! Wir erfuhren durch Annas Mails allerdings auch, was im Biolandbau alles schiefgehen konnte, wenn es zum Beispiel zu feucht war, Pilzkrankheiten das Gemüse befielen oder alle möglichen anderen Faktoren die Ernte schmälerten. Durch den jeweils saisonalen Inhalt des Kisterls wussten wir immer recht genau, was gerade normalerweise bei uns wächst. Und wenn wir dann doch einmal in einem Supermarkt irgendetwas zukaufen mussten, wurde mir die Tatsache, dass es hier rund ums Jahr eigentlich fast alles gab, umso mehr bewusst. Wenn sogar Obst und Gemüse, das zu gewissen Zeiten auch in Österreich wuchs, von weit her zu uns gekarrt wurden, bedeutete das Wegwerfen von nicht verkaufter Ware nicht nur eine Verschwendung der Lebensmittel, sondern war in mehrfacher Hinsicht besonders tragisch. Auch das notwendige Verpackungsmaterial (von dem natürlich für weite Transporte mehr benötigt wird) und die durch den Transport anfallenden CO_2-Emissionen waren absolut verschwendet. Das galt für exotische Früchte natürlich prinzipiell immer, aber ägyptische Erdbeeren im Dezember erschienen mir besonders absurd. Wir hatten all diese Dinge schon früher kaum gekauft, aber seit ich mich intensiver mit Lebensmittelverschwendung beschäftigte und durch den eigenen Garten und die GeLaWi den Wert und die Arbeit, die in diesem Gemüse steckte, schätzen gelernt hatte, war ich diesbezüglich noch konsequenter geworden. Lediglich Fair-Trade-Bananen, Bio-Zitronen und Bio-Avocados fanden hin und wieder den Weg in meinen Einkaufskorb. Ansonsten deckten wir unseren Obst- und Gemüsebedarf, der über das Gemüsekisterl und den Ertrag des eigenen Gartens hinausging, primär durch saisonale Einkäufe am Bauernmarkt oder hin und wieder im Bioladen. Und beides hatte auch noch den großen Vorteil, dass wir alles in mitgebrachte Taschen oder Sackerln packen konnten, keine Wegwerfverpackungen brauchten und auch immer relativ günstig einkauften.

In Summe haben alle Erlebnisse und Erfahrungen, die ich seit Beginn unseres Experiments mit Verschwendung von Lebensmitteln gemacht hatte, meine Wertschätzung für unser Essen noch deutlich gesteigert.

Organisiertes Foodsharing

Da Maria sich auch intensiv mit der Verschwendung von Lebensmitteln und der systematischen Entsorgung von Lebensmitteln durch Supermarktketten befasst hatte, gab es auch von Beginn an eine Kooperation mit der Plattform »Foodsharing«, die Privatpersonen, Händlern und Produzenten die Möglichkeit bietet, überschüssige Lebensmittel kostenlos anzubieten oder abzuholen. Dadurch entstand im Rahmen des Kostnixladens auch der erste Foodsharing-»Fair-Teiler« in der Steiermark außerhalb der Hauptstadt Graz. Diese »Fair-Teiler« sind Kästen an einem geschützten Ort, der aber frei zugängig ist, wo überschüssige Lebensmittel, die noch original verpackt sind, deponiert und von anderen Menschen gratis entnommen werden können. Sehr schnell konnten lokale Geschäfte überzeugt werden, dass sie Lebensmittel an den Kostnixladen spenden, statt sie in den Müll zu werfen. Genauso wie bei unseren Kleidertauschmärkten war es auch im Kostnixladen das erklärte Ziel, einerseits eine Drehscheibe zu sein, damit Dinge, die von dem einen nicht mehr benötigt werden, an jemand anderen weitergegeben werden können und somit Dinge ihren Wert behalten. Andererseits ging es aber bei beiden Projekten immer auch um Bewusstseinsbildung und darum, mit den Menschen ins Gespräch über Ursachen und Folgen des Überflusses zu kommen. Die erfolgreiche Eröffnung des Kostnixladens in meiner Nachbargemeinde und das nachhaltige Engagement von Maria in dieser Sache waren für mich extrem bestärkend und fielen vor allem in eine Phase, wo ich in meinen Lesungen und Vorträgen ohnehin schon ständig betonte, dass es längst nicht nur um Plastik ging, sondern darum, wie wir mit *allen* Ressourcen sinnvoller umgehen könnten. Der Kostnixladen war in diesem Sinne der perfekte Ort, das für viele Menschen sichtbar und spürbar zu machen.

Von der Ökobilanz des Schüleraustauschs

Da Peter zum Glück nicht nur meine Flugangst, sondern vor allem auch die ökologischen Bedenken gegen das Fliegen teilte, war es in unserer Familie nie ein Thema gewesen, irgendwohin auf Urlaub zu fliegen. Doch als Samuel in die 6. Klasse des Gymnasiums kam, wurde das Thema Fliegen erstmals auch bei uns akut, denn üblicherweise flogen die 6. Klassen seiner Schule zum Zweck einer Englisch-Sprachwoche nach Irland. Samuel wusste natürlich schon vorher, dass wir diesbezüglich relativ skeptisch waren. Peter und ich hatten schon davor immer wieder über die Sinnhaftigkeit und das Preis-Leistungs-Verhältnis von einwöchigen Sprachreisen gesprochen und darüber, ob es notwendig und vor allem unterstützenswert war, dass schon 16-Jährige im Rahmen von Schulveranstaltungen Flugreisen absolvierten. Und wir kamen eigentlich sehr rasch zum Schluss, dass wir das nicht wollten. Ich ging trotzdem zum Elternabend, bei dem man sich über das Angebot und den Ablauf der Sprachreise informieren konnte. Als ich dort dann erfuhr, was der ganze Spaß kosten sollte, war für mich endgültig klar, dass das keine Option war. Fliegen an sich und ein Preis von rund 1200 € für eine Woche war eindeutig zu viel! Ich hätte es zwar nicht als Verschwendung bezeichnet, aber es erschien Peter und mir jedenfalls unangemessen viel Geld, vor allem angesichts der Tatsache, dass man das dann ja auch den anderen beiden Kindern erlauben müsste. Für dieses Geld machten wir normalerweise zu fünft 14 Tage Urlaub in Kroatien, das verstand auch Samuel. Ich wusste allerdings schon, dass Samuels Schule sich an einem europäischen Austauschprogramm beteiligte, wo die Jugendlichen für mindestens drei Monate in eine Schule nach Helsinki gehen konnten und während dieser Zeit bei einer Gastfamilie untergebracht wurden. Im Gegenzug musste man davor oder danach auch eine Schülerin oder einen Schüler für drei Monate bei sich aufnehmen. Das Ganze hatte den großen Vorteil, dass außer der Hin- und Rückreise keine Kosten entstanden, sondern es sich um einen echten Austausch handelte. Und durch den langen Zeitraum war unserer Ansicht nach jedenfalls weitaus mehr kultureller und sprachlicher Austausch möglich als in nur einer Woche. Zu diesem Zeitpunkt war ich auch noch der festen Überzeugung, dass man doch relativ schnell und einfach auf dem Landweg nach Finnland kommen konnte. Und so versprach ich Samuel, dass er sich an diesem Austauschprojekt beteiligen dürfte, wenn er das im nächsten Schuljahr gerne wollte.

Er nahm uns beim Wort und fing schon bald an, sich ganz konkret über das Austauschprojekt zu informieren, und überraschte uns bald darauf mit der Nachricht, dass im ersten Semester des nächsten Schuljahres eine Austauschschülerin aus Ungarn (die Austauschplätze wurden quer durch ganz Europa vergeben) zu uns kommen würde und er das zweite Semester in Helsinki verbringen würde. Nun gab es kein Zurück mehr. Und es begann eine lange und intensive Suche nach Zugverbindungen, Fährschiffüberfahrten und sonstigen Alternativen zur Flugreise. Der Flug wurde bei diesem Austauschprogramm sogar von der EU übernommen, und wenn wir eine entsprechende Alternative gefunden hätten, wäre auch dafür eine Kostenübernahme möglich gewesen. Doch alle Varianten, die wir zu diesem Zeitpunkt ausfindig machen konnten, hätten zur Folge gehabt, dass Samuel zumindest zweieinhalb Tage alleine quer durch Europa unterwegs gewesen wäre, während drei seiner Schulfreunde, die ebenfalls am Austausch teilnahmen, schon längst in Helsinki wären. Das wollte ich ihm und mir dann doch nicht zumuten. Und so kam es dazu, dass ich schließlich zustimmte, dass Samuel doch schon mit 17 Jahren zum ersten Mal eine Flugreise absolvieren würde.

Ich selbst bin ein lebensfroher und freiheitsliebender Mensch und setze mich für die Selbstbestimmtheit aller Menschen ein. Ich fliege zwar selbst nicht, aber es geht mir nicht darum, es anderen zu verbieten oder ein schlechtes Gewissen zu machen.

Ganz zu schweigen von den Menschen, die aus beruflichen Gründen fliegen müssen – das unterliegt ja nicht der persönlichen Entscheidung, und da braucht es ohnehin andere Lösungen.

Doch es ist mir sehr wohl wichtig, dass allen, die sich frei entscheiden können, klar ist, dass nur rund drei Prozent der

Menschen überhaupt fliegen und damit dennoch bis zu fünf Prozent der Emissionen verursachen. Und dass Fliegen somit kein menschliches Grundrecht sein kann, sondern eben unverhältnismäßig viel an Emissionen erzeugt, die alle Nicht-Fliegenden mit ausbaden müssen. Insofern sollte zumindest einmal Nachdenken über jeden (freiwillig) geplanten Flug drinnen sein.

Wer sich aus welchen Gründen auch immer für einen Flug entscheidet, sollte es aber dann auch ohne schlechtes Gewissen tun, denn das bringt wirklich niemandem etwas. Da ist es noch besser Kompensationszertifikate zu erwerben. Und es wäre natürlich sehr dringend notwendig, sich dafür einzusetzen, dass Alternativen zum Fliegen endlich günstiger und bequemer werden und in ausreichender Menge zur Verfügung stehen!

Auch Marlene flog irgendwann nach Finnland. Das Jahr, das sie dort verbrachte, war für sie eine extrem prägende Zeit. Neben den internationalen Freundschaften, die sie in dieser Zeit knüpfte, entwickelte auch ihre Secondhand-Leidenschaft eine ganz neue Dimension. Denn in Helsinki gab es sehr viele und wirklich riesige Secondhandmärkte, und diese waren absolut etabliert und von allen Bevölkerungsschichten besucht. Für Marlene waren das paradiesische Zustände. Auf der anderen Seite lernte sie durch ihre finnische Gastfamilie auch einen gänzlich anderen Lebensstil kennen. Und speziell was den Umgang mit Lebensmitteln anbelangte, war das für sie nicht immer ganz einfach. Dafür gab es in Finnland ein Pfand auf sämtliche Getränkeverpackungen, was Marlene mir gleich zu Beginn ihres Aufenthalts ganz begeistert erzählte. Insgesamt profitierte sie enorm von diesem Jahr in Finnland und kam im August 2018 als erwachsene Frau wieder zurück. Sie hatte sich während der Zeit in Finnland viele Gedanken darüber gemacht, was sie studieren sollte, war aber noch zu keinem endgültigen Entschluss gekommen. Aber auch insgesamt erschien sie mir nach ihrer Rückkehr oft sehr nachdenklich.

Im September schickte sie mir eines Abends folgende Nachricht, die sie auf ihrem Facebook-Account auf Englisch veröffentlicht hatte, um sie auch ihren zahlreichen finnischen Freundinnen und Freunden mitzuteilen:

»Ich bin in meinem Leben mehrere Male geflogen, um genau zu sein waren es vier Hin- und Rückflüge zwischen Helsinki und Wien/Graz. Manche denken, das ist viel, manche denken, das ist wenig. Ich habe für mich selbst entschieden, dass es zu viel ist und dass ich nie wieder fliegen will.

Ich bin sowieso noch nie besonders gerne geflogen, erstens weil ich Angst davor habe, zweitens weil mir schon immer klar war, dass es schlecht für die Umwelt ist!

Ich bin, dank meiner Eltern, ein Mensch geworden, der zumindest Ahnung davon hat, wie ein nachhaltiger Lebensstil aussieht! Nichtsdestotrotz habe ich 19,5 Jahre (bis letzte Woche) gebraucht, um voll und ganz zu verstehen, dass das Leben und Handeln jedes einzelnen Menschen eine riesige Auswirkung auf alles hat, was in dieser Welt passiert. Ich habe im Radio eine Reportage über die Arktis und wie schnell das Eis dort schmilzt, gehört. Irgendwas in mir hat klick gemacht, was sehr ironisch ist, wenn man in Betracht zieht, dass ich in den letzten vier Jahren fast jeden Tag von Umweltkatastrophen gehört und gelesen habe …

Ich werde deshalb nicht mehr fliegen! Natürlich bin ich traurig, dass ich gewisse Orte in dieser Welt wahrscheinlich nie sehen werde und auch nicht so leicht nach Finnland kommen werde wie

bisher (worüber ich am traurigsten bin), aber das ist eine Enttäu-
schung, mit der ich leben kann. Ich kann aber nicht mit der Ver-
antwortung leben, wie eine Welt zerstört wird, in der in Zukunft
noch so viele Leute leben wollen und die keinen Einfluss darauf
haben, was jetzt passiert.

Mir ist auch klar, dass dies nur ein ›kleiner‹ Schritt ist und dass
es noch viele Dinge in meinem Leben gibt, die ich ändern könnte
und sollte, um ein nachhaltigeres Leben zu leben, aber für mich
ist es ein Anfang.

Ich habe diesen Post nicht geschrieben, um andere Leute, die
fliegen, zu verurteilen oder gar um allen vorzuschreiben, dass
sie damit aufhören müssen, sondern nur um eine Entscheidung
zu teilen, auf die ich stolz bin (wenn auch gleichzeitig ein biss-
chen traurig), und vielleicht um andere zu inspirieren, dasselbe
zu tun!

PS: Manche Leute würden jetzt vielleicht sagen ›Was hilft es,
wenn ich damit aufhöre, obwohl alle anderen es weiterhin tun?‹

Wenn jeder so denkt, wird sich natürlich nichts ändern, aber
wenn alle umdenken, wenn alle sich selbst sagen ›Wenn ich auf-
höre, hört wenigstens irgendwer auf‹, dann würden morgen schon
keine Flugzeuge mehr fliegen ;)«

Alle, die dieses Buch bis hierher gelesen haben, können sich
bestimmt vorstellen, was passiert ist, nachdem ich diese Zeilen
gelesen habe – oder genauer gesagt, eigentlich schon während-
dessen! Nachdem meine Tränen der Rührung und des Stolzes
einigermaßen getrocknet waren, schrieb ich Marlene zurück,
dass ihr Text für mich das Schönste war, was ich je gelesen
hatte, dass ich sehr stolz auf sie war, aber ihr gleichzeitig auch
sagen wollte, dass sie mit ihren 19 ½ Jahren keine hundert-
prozentige Garantie abzugeben brauchte, nie wieder zu fliegen.

Es mag irgendeinen Grund geben, irgendwann wieder einmal in ein Flugzeug zu steigen, aber im Moment zählte einfach nur, dass sie diesen Willen und diese Entschlossenheit an den Tag legte. Genau darum ging es auch, wenn ich an die großen Entscheidungen dachte, die notwendig wären, um das globale Verschwendungssystem und die damit einhergehende Umwelt- und Klimazerstörung in den Griff zu bekommen: um Willen und Entschlossenheit! Und das verbindet Marlene auch mit anderen Menschen, die sich entschlossen haben, mit der notwendigen Veränderung bei sich selbst zu beginnen.

Digitale Medien

In unserer Familie gibt es zwar seit 1998 ein Handy, doch das wurde eigentlich immer von meinem Mann und mir gemeinsam benutzt, später kam ein zweites, gebraucht angeschafftes, dazu. Das Thema Smartphone tauchte bei uns erst auf, als Samuel dann 2010 mit 14 Jahren als Letzter in seiner Klasse ein Handy bekam. Da waren wir ja schon mitten in unserem Plastikexperiment, und er war daher in seiner Recherche auf Handys aus Bambus oder »Bioplastik« gekommen, die er mir ursprünglich als Alternative schmackhaft machen wollte. Allerdings kam das für mich schon allein aus Kostengründen nicht infrage, abgesehen davon hatte ich mich in dieser Zeit schon sehr viel mit den Umweltfolgen und Arbeitsbedingungen bei der Produktion von Mobiltelefonen und Computern beschäftigt. Je mehr ich las, unter welch unwürdigen Arbeitsbedingungen die Rohstoffe für diese Geräte teilweise abgebaut wurden, dass Abholzung von Urwäldern und Sprengung von ganzen Bergen in manchen Regionen zur Rohstoffgewinnung eingesetzt wurden, desto klarer wurde mir, dass der Umgang mit Elektronik in dieser Dimension ein riesiges Umwelt- und Ressourcenproblem erzeugte und für einen unglaublich großen und sinnlosen CO_2-Ausstoß verantwortlich war. Auch die Tatsache, dass der Lebenszyklus von elektronischen Geräten immer kürzer wurde, ließ sich einfach nicht mehr übersehen, ich kam daher zum Schluss, dass ich mir niemals mehr ein neues Handy kaufen würde, solange hier eine so offenkundige Verschwendung im Gange war. Das war schließlich auch bei der Wahl von Samuels erstem Handy entschieden. Nach längerem Hin und Her wurde es ein ausrangiertes Smartphone, das mein Schwager ebenfalls eine Zeit lang als Firmenhandy benutzt hatte. Samuel hatte somit zu diesem Zeitpunkt das modernste Handy der Familie, wobei er natürlich damals nur eine Wertkarte bekam und auch keinen Internetzugang hatte. Jedenfalls waren unsere Auseinandersetzungen über den sinnvollen Gebrauch von Handys und letztlich über den Verbrauch dieser hochtechnischen Geräte, der mich immer an den Umgang mit Wegwerfprodukten erinnerte, ein weiterer sehr entscheidender Schritt, um Verschwendung zumindest in unserem familiären Umfeld zu reduzieren.

In diesem Bereich waren es vor allem die Kinder, die uns immer wieder damit konfrontierten, was sich abseits unserer »Familienblase« abspielte. Sie erzählten unter anderem sehr oft von Schulkolleginnen und Schulkollegen, die teilweise sogar innerhalb eines Schuljahres schon das zweite Smartphone bekommen hatten, teilweise weil sie immer schneller kaputtgingen, teilweise aber auch einfach deshalb, weil gerade ein neues Modell auf den Markt gekommen war. Ich konnte diese Geschichten teilweise gar nicht glauben, da auch die Preise dieser

Geräte immer abenteuerlicher wurden. Angesichts der Tatsache, dass ein neues Smartphone schon tausend Euro oder mehr kostete, war das nicht mehr nur reine Ressourcenverschwendung, da ging es auch um richtig viel Geld. Für mich war das vor allem im Zusammenhang mit den vielen Diskussionen, die ich immer wieder über den teilweise höheren Preis von verpackungsfreien Lebensmitteln oder Getränken in Mehrwegflaschen führte, sehr befremdlich. Natürlich waren es nicht immer direkt dieselben Menschen, die ihren Kindern so teure Handys kauften und gleichzeitig beim Essen sparten. Doch ich konnte mich des Eindrucks nicht erwehren, dass das kritische Nachfragen in Bezug auf den Preis von Lebensmitteln und Handys in keinem vernünftigen Verhältnis zueinander standen.

Die Ausstattung mit Handys und Computern wurde in dieser Zeit auch ein immer wichtigerer Faktor in der Schule unserer Kinder. Manche der jüngeren Lehrerinnen und Lehrer gingen schon sehr selbstverständlich davon aus, dass die Kinder diverse Geräte selbst besaßen oder jedenfalls freien Zugang zum Internet hatten. Immer wieder kamen Samuel und Marlene in dieser Zeit von der Schule nach Hause und setzten sich mit den Worten: »Ich habe eine Online-Aufgabe!«, vor den Computer, der im Wohnbereich stand und früher mal meiner Schwester gehört hatte. Nun war es der Kindercomputer, auf dem sie ihre Mails abrufen und Aufgaben erledigen und hin und wieder auch Spiele spielen konnten. Leonard, der ja in der Volksschule noch keine Onlineaufgaben hatte, hatte noch keinen eigenen Zugang und auch kein Passwort und durfte den Computer nur für begrenzte Zeit verwenden, wenn er Peter oder mich zuerst gefragt hatte und wir ihm das Gerät einschalteten. Für die schulischen Notwendigkeiten reichte zum Glück der alte Computer relativ lange aus. Samuel und Marlene äußerten auch nie das Bedürfnis nach einem neuen. Sie verwendeten das Gerät auch tatsächlich hauptsächlich für Aufgaben und Mails und waren sonst kaum am Computer. Leonard hingegen verbrachte oft lange Zeit direkt hinter seinen Geschwistern sitzend und beobachtete ihre Aktivitäten. Was wir dabei alle nicht registrierten, war die Tatsache, dass Leonard offenbar so genau beobachtete, dass er die Passwörter seiner Geschwister entzifferte. Am Ende der 4. Klasse Volksschule fiel mir auf, dass er in der Früh immer außergewöhnlich schwer aus dem Bett zu bringen war und eigentlich den ganzen Tag über sehr müde wirkte. Ich konnte mir das nicht erklären und zog schon in Erwägung, mit ihm zum Arzt zu gehen. Doch dann löste sich das Rätsel durch einen Zufall. Peter war eines Nachts erst gegen ein Uhr nach Hause gekommen, hatte irgendein Geräusch gehört und sich daraufhin etwas genauer im Wohnbereich umgesehen. Dabei war er auch am Computer vorbeigekommen und hatte schließlich bemerkt, dass dieser ganz warm war. Als er sich daraufhin an die genauere Inspektion des Geräts machte, stellte er fest, dass dieser gerade noch verwendet worden und ein Fußballspiel gespielt worden war. Damit war Leonards unerklärliche Müdigkeit plötzlich sehr nachvollziehbar. Wir sprachen am nächsten Tag natürlich ein ernstes Wort mit ihm und änderten die Passwörter.

Damit war das Thema natürlich nur vorläufig beendet, denn Leonard hatte eindeutig mehr Leidenschaft für elektronische Geräte als seine Geschwister. Obwohl zwischen ihm und Samuel nur knapp sechs Jahre Altersunterschied lagen, war es bei ihm schon ungleich schwieriger, die Nutzung von Handy, Computer und Internet altersentsprechend zu regulieren. In diesen paar Jahren war es völlig normal geworden, dass schon Volksschulkinder mit Smartphones in die Schule kamen und zu Hause eigene Computer zur Verfügung hatten. Das weckte bei Leonard schon sehr früh das Bedürfnis nach einem eigenen Handy und Laptop.

Ich begann daher, mich auch mit der Ökobilanz von Laptops, Computern und Smartphones vermehrt auseinanderzusetzen. Dabei stellte ich fest, dass die Herstellung von Smartphones und Computern weitaus mehr CO_2-Ausstoß verursachte als ihre Verwendung. Zwischen zwei Drittel und drei Viertel des CO_2-Ausstoßes während der gesamten Lebenszeit dieser Produkte entstanden rein durch die Produktion. So wurde zwar offenbar durch die Neuanschaffung eines energieeffizienteren Produktes der Stromverbrauch geringfügig gesenkt, dennoch erhöhte sich aufgrund von Produktion und Transport der CO_2-Ausstoß um ein Mehrfaches. In diesem Licht erschien mir der gedankenlose, immer rasantere Verbrauch von Smartphones, Computern, Laptops und ähnlichen Geräten umso dramatischer. Hinzu kam noch, dass man sich die neueren Modelle oftmals kaum mehr auseinandernehmen und reparieren konnte, da die Hülle geklebt oder verschweißt war und dadurch nicht mehr ohne weitere Beschädigung geöffnet werden konnte. Schon in all den Jahren seit Beginn des Plastikvermeidungsprojekts war ich immer wieder auf das Phänomen der geplanten Obsoleszenz aufmerksam geworden. Vor allem technische Geräte wurden offenbar immer häufiger von den Erzeugern absichtlich mit einer künstlichen »Sollbruchstelle« versehen, die nach einer gewissen Verwendungsdauer zur Funktionsuntüchtigkeit führte. Erstmalig beobachtet wurde das Phänomen bei Druckern, die nach einer gewissen Anzahl von Ausdrucken offenbar mittels eingebautem Chip lahmgelegt und so von den Benutzern meist durch ein neues Gerät ersetzt wurden. Das Phänomen ist umstritten, und die Hersteller bestreiten naturgemäß vehement, mit solchen Methoden zu arbeiten, und tatsächlich ist es schwierig, eine Abgrenzung zu natürlichem Verschleiß zu treffen. Kann etwas anderes als Absicht dahinterstecken, wenn sündteure Smartphones so gebaut werden, dass man weder Akku noch sonstige Teile einfach austauschen kann, sobald diese kaputt sind? Welches andere Interesse als der Verkauf eines neuen Gerätes könnte sich dahinter verbergen? Mir fiel jedenfalls nichts ein. Und ich fragte mich immer öfter, warum es in Zeiten von Klimakrise und sich verknappenden Lebensräumen immer noch möglich war, auf diese Art und Weise Geschäfte zu machen – mit purer Verschwendungstaktik und einer absichtlichen Reduzierung der faktischen Lebensdauer der eigenen Produkte. Auch wenn ich diese unsägliche Verschwendung nicht direkt beenden konnte – ich konnte sie zumindest für mich selbst und vorläufig auch noch für die Kinder verweigern! Es war dieses »Nicht mit mir!«- oder »Da mache ich nicht mit!«-Gefühl, genau wie damals, als ich »Plastic Planet« zum ersten Mal gesehen hatte. Ein gutes, ein starkes, ein sehr aktives Gefühl. Das Gefühl, etwas zumindest für mich ganz persönlich Richtiges zu tun.

Konkret bedeutet das, dass ich mir vornahm, nicht nur bei Handys, sondern bei allen elektronischen und nach Möglichkeit auch bei elektrischen Geräten künftig auf Gebrauchtes zu setzen und genau darauf zu achten, ob die Geräte auch ein Mindestmaß an Reparaturmöglichkeit besaßen.

Und im Zuge meines Einstiegs in die Politik hatte auch ich mir durch die Einflussnahme einiger ambitionierter Mitarbeiter ein Smartphone einreden lassen. Ich hatte mich über Facebook auf die Suche nach einem gebrauchten Smartphone begeben, und sehr bald hatte sich ein alter Bekannter gemeldet und mir sein soeben durch ein neues ersetztes geschenkt. Ich brauchte es ja in erster Linie, um Mails auch von unterwegs lesen zu können und hin und wieder Fotos zu machen. Doch gerade in Hinblick auf die Fotos erntete ich immer wieder Kritik aus unserer Öffentlichkeitsarbeit. Angeblich war die Kamera meines Smartphones zu schlecht, und die Bilder entsprachen nicht der gewünschten Qualität. So kam es, dass mir immer wieder jemand aus dem Büro einreden wollte, dass ich unbedingt ein neues Smartphone brauchen würde. Die Leute in der Öffentlichkeitsarbeit konnten ja noch nicht wissen, dass ich unheimlich konsequent sein konnte, wenn ich mir einmal etwas vorgenommen hatte. Und nach all dem, was ich inzwischen eben über Handyproduktion, Entsorgung von Elektronikschrott und die fürchterlichen Umweltfolgen wusste, stand meine Entscheidung einfach felsenfest: Solange es hier kein nachhaltigeres Management der Ressourcen gibt, würde ich mir kein neues Handy kaufen – und mir auch keines schenken lassen!

Auch ich verbrachte immer wieder viel Zeit am Smartphone, um in sozialen Medien die neuesten Entwicklungen zu verfolgen und Mails oder sonstige Nachrichten zu lesen oder zu beantworten. Und tatsächlich war es auch für mich selbst oft sehr erstaunlich, wie schnell die Zeit dabei verging. Peter war oft sehr genervt von meinem Umgang mit Handy und Computer und meinte immer wieder, dass ich den Kindern gar keine Vorschreibungen zu machen brauchte, solang ich selbst ständig an den Geräten und im Internet hing. Er führte auch den Stromverbrauch all dieser Aktivitäten ständig ins Treffen, doch ich rechtfertigte mich regelmäßig mit meiner politischen Tätigkeit und damit, dass es dafür nun mal notwendig sei, ständig auf dem Laufenden zu sein. Außerdem hielt ich Peters Hinweise auf den Stromverbrauch für übertrieben. Erst ein Artikel aus dem Jahr 2014, den ich bei einer Recherche zufällig entdeckte, änderte meine Einstellung zu meinem eigenen Internetkonsum noch einmal grundlegend. Der Titel »Ist das Internet ein Klimakiller?«* war schon recht vielversprechend.

Im Prinzip schien es tatsächlich so zu sein, dass die Internetnutzung in Deutschland durch den immensen Stromverbrauch gleich viele CO_2-Emissionen pro Jahr erzeugte, wie der deutsche Flugverkehr im selben Zeitraum – ich war absolut erschüttert. Das war mir nicht im Geringsten bewusst gewesen, und darüber wurde, zumindest soweit ich es bisher mitverfolgt hatte, in politischen Debatten überhaupt nicht diskutiert. Das Internet zu Informationsweitergabe, das Verschicken von Mails statt von Papierpost, das alles galt doch nach wie vor eher als Mittel zur Ressourceneinsparung! Bei etwas genauerer Betrachtung wurde es doch ziemlich klar, dass das so einfach nicht stimmte. Es war wohl ein bisschen ähnlich wie mit den theoretisch immer sparsameren Automotoren, deren Effizienzsteigerung durch den Bau immer größerer, schwerer Autos und durch die immense Zunahme des Autoverkehrs sowie durch den immer geringeren Besetzungsgrad der einzelnen Autos wieder zunichtegemacht, wenn nicht sogar ins Gegenteil verkehrt wurde. Rein theo-

---

* https://www.handelsblatt.com/technik/das-technologie-update/frage-der-woche/energieverbrauch-ist-das-internet-ein-klimakiller/10252902.html?ticket=ST-2405134-EtwlyiQeW7vsZmvOdq56-ap2

retisch wäre es zwar wahrscheinlich ressourcenschonender, wenn Nachrichten per Mail verschickt würden, aber das galt natürlich nur unter der Annahme, dass die Zahl der verschickten Nachrichten konstant blieb oder zumindest nicht in exorbitante Mengen ausartete. Doch ich brauchte ja nur daran zu denken, wie viele Briefe, Postkarten oder sonstige Informationen ich früher bekommen hatte, bevor ich begonnen hatte, das Internet für Mails zu nutzen, geschweige denn Facebook und WhatsApp. Und wie viele Nachrichten ich jetzt über irgendwelche Medien bekam. Im Schnitt waren es sicher alleine rund 50 Mails pro Tag. An besonders starken Tagen konnten es durchaus auch mal bis zu hundert Mails sein. So viele Postsendungen hatte ich früher sicher nicht einmal in zwei Monaten bekommen. Und es war zumindest zu Beginn meiner Landtagstätigkeit definitiv noch ein zusätzliches Problem, dass ich auch noch den Anspruch hatte, die Mails so zu behandeln, wie man früher normalerweise mit Briefen umgegangen war – nämlich auf alle zu antworten. Das war letztlich natürlich rein zeitlich nicht zu schaffen, wenn ich auch noch etwas anderes tun wollte. Ähnlich war es auch bei der Informationsbeschaffung: Wenn ich früher etwas wissen wollte, schaute ich im Brockhaus meines Vaters nach. Das dicke Lexikon war zwar aus Papier und hatte in der Produktion sicher auch Ressourcen verbraucht, aber dafür war er danach über viele Jahre völlig emissionsfrei verwendbar. Das war natürlich etwas umständlich und aus heutiger Sicht fast undenkbar, aber es wurde dadurch eben auch nur gezielt eingesetzt. Inzwischen konnte ich mir das selbst schon fast gar nicht mehr vorstellen.

Und sehr Ähnliches gilt natürlich vor allem auch für die Nachrichtenübermittlung, denn die Fülle der Mails, die aktuell pro Tag verschickt werden, würde jede Logistik einer traditionellen Postzustellung wohl innerhalb von wenigen Tagen zum Scheitern bringen. Offenbar ist es ein immer wiederkehrendes Phänomen, dass neue Technologien und effizientere Methoden durch einen völlig übersteigerten und verschwenderischen Einsatz zu noch mehr Ressourcen- und Energieverbrauch und zu noch mehr CO_2-Ausstoß führen.

Das Problem liegt also wie bei fast allen Themen, die mich in den letzten Jahren in Bezug auf Verschwendung beschäftigt haben, nicht an den Technologien selbst, sondern am Umgang damit. Diese Erkenntnis unterscheidet sich kaum von dem, was ich seit Jahren in Bezug auf den Einsatz von Kunststoffen festgestellt habe, dennoch bin ich in diesem Zusammenhang irgendwie ratlos. Wie kann man hier gegensteuern? Wieso werden Möglichkeiten zur Effizienzsteigerung, die eigentlich helfen könnten, etwas einzusparen, genau gegenteilig verwendet? Und dabei habe ich einen immer wichtiger werdenden Einsatzbereich des Internets noch gar nicht berücksichtigt. Das »Internet der Dinge«, also alles, was man im Internet bestellen kann, entzieht sich nämlich meinem persönlichen Erfahrungsbereich, weil ich das tatsächlich so gut wie nie nutzte. Ein völliger Verzicht aufs Internet wäre allerdings in meiner aktuellen Situation wirklich kaum möglich. Ich muss mir aber durchaus schon eingestehen, dass eine sparsamere Nutzung sicher auch für mich möglich wäre.

Dass schon immer jüngere Kinder und Jugendliche massiv zur Nutzung dieses Mediums animiert werden, ist natürlich auch in diesem Zusammenhang kontraproduktiv – außer wenn die Sparsamkeit und der gezielte Umgang mit dem Medium auch ein Teil der Animation wäre, doch davon habe ich bis jetzt leider noch ziemlich wenig bemerkt. Im Gegenteil, die Internetverfügbarkeit und Nutzung scheint für immer mehr Kinder und Jugendliche fast schon so selbstverständlich zu sein wie das Luftholen. Teilweise löst es regelrechte Dramen aus und gefährdet den Familienfrieden, wenn eine Urlaubsdestination nicht über WLAN verfügt (was ohnehin kaum mehr vorkommt). Die ständige Nutzung von digitalen Medien hat besonders für junge Menschen auch durchaus Suchtpotenzial.

Und ich bemerkte auch bei mir selbst, dass die ständige Verfügbarkeit von E-Mails, WhatsApp, Facebook und Co. nicht ganz einfach zu handhaben war. Peter war diesbezüglich eindeutig mein größter Kritiker und wies mich immer wieder darauf hin, dass ich nicht erwarten könne, dass die Kinder vernünftig mit diesen Dingen umgingen, wenn ich selber ständig »nur mal schnell die Mails checken oder irgendein Facebook-Posting absetzen« musste. Meine subjektive Empfindung war natürlich eine andere, und ich fühlte mich immer wieder zu Unrecht kritisiert. Mittlerweile habe ich zumindest ziemlich konsequente »Abschaltzeiten« für mich selbst eingeführt und versuche mich weitgehend daran zu halten, doch für die Eindämmung der unübersehbaren Mail-Flut habe ich bis jetzt noch immer kein wirklich brauchbares Konzept entwickelt.

Immerhin konnte ich meinen eigenen Handyverbrauch vorläufig noch im Zaum halten. Ich habe versucht, den kritischen Mitarbeitern aus der Öffentlichkeitsarbeit die schlechte Qualität meiner Fotos einfach als mein Markenzeichen zu verkaufen, was zwar mit großer Skepsis, aber eben gezwungenermaßen akzeptiert wurde. Ich versprach jedoch zumindest bei einer wirklich notwendigen Neuanschaffung vorher unbedingt den Rat der FotoexpertInnen in unserem Team einzuholen.

Warum Ausmisten guttut

In unserem ehemaligen Kuhstall hatte ja Peter seit Jahren eine Werkstatt eingerichtet, und das war auch der Ort, wo immer noch ein Teil des 2009 ausgemisteten Plastikinventars lagerte. Das meiste davon hatten wir ja inzwischen verschenkt, vor allem das Kinderspielzeug, doch ein gewisser Teil war immer noch vorhanden. Es war über die Jahre eine Art Altwarensammelstelle entstanden, diverse Gebrauchsgegenstände und vor allem ausgemusterte Kinderspielsachen, Bücher, Sportsachen, alte Teppiche und vieles mehr, in alten Kästen aufbewahrt, um sie irgendwann einmal weiterzugeben. Vor allem war über die Jahre aber auch unglaublich viel Zeug dazugekommen, das uns Verwandte, Bekannte und Freunde irgendwann »vererbt« hatten, weil sie es selbst nicht mehr brauchten, es ihnen aber zum Wegwerfen zu schade war. Unter anderem waren das alte Lampenschirme, verschiedenes Geschirr und Gläser, Töpfe und Vorhänge. Das bestätigte auch wieder meine Theorie, dass Menschen eigentlich noch brauchbare Dinge nicht wegwerfen wollen. Es ist für die allermeisten ein viel besseres Gefühl, sie an irgendjemanden weiterzugeben, der sie vielleicht noch brauchen kann. Insofern war es wirklich ungünstig, dass einerseits unsere Leidenschaft für alte Dinge und andererseits unser großes Stallgebäude so allgemein bekannt waren. Dadurch kam es sogar immer wieder dazu, dass Bekannte alles Mögliche bei uns »unterstellten«, um es angeblich irgendwann wieder abzuholen. Doch vieles davon wurde einfach nie mehr abgeholt, und irgendwann wussten wir dann auch selbst nicht mehr, wem es eigentlich ursprünglich gehört hatte. Es handelte sich dabei teilweise um kleinere Möbelstücke, Sportgeräte, Wäschetrockner und diverse Elektronikgeräte. So hatte sich der ehemals leer stehende Heustadl über die Jahre wieder ziemlich gut gefüllt. Für mich entwickelte sich das allerdings aus mehreren Gründen zunehmend zur Belastung. Mit der Zeit hatten wir nämlich alle ziemlich den Überblick verloren, was sich überhaupt alles im Stall befand.

Erst, wenn man etwas Bestimmtes suchte, wurde einem wieder vor Augen geführt, wie viel Überfluss, wie viele vergessene Dinge sich bei uns angesammelt hatten und dass es belastend war, all das zu besitzen und eigentlich nicht zu wissen, wofür.

Wobei das Vergessen der Dinge an und für sich für mich schon ein Ausdruck dafür war, dass sie ihren Wert verloren hatten. Dass sie niemandem mehr wirklich etwas bedeuteten.

Unnötiges vermeiden befreit noch mehr

Immer wenn ich einige Dinge aus unserem Stall ausgemistet und im besten Fall weitergegeben hatte, fühlte ich mich richtig gut. Obwohl wir den Platz im Stall nicht dringend für irgendetwas brauchten, eröffnete so ein leer geräumtes Plätzchen offenbar auch innere Freiräume. Ich kannte das auch aus vielen Gesprächen mit Freundinnen, und Peter fasste das immer mit dem Satz »Besitz belastet!« zusammen. Tatsächlich fühlte ich mich für die Dinge, die wir besaßen, verantwortlich. Auch wenn ich sie gar nicht selbst angeschafft hatte, auch wenn sie alt waren. Sobald sie sich aber in unserem Besitz befanden, konnte ich sie nicht mehr einfach wegwerfen, wie mir das oft empfohlen wurde. Ich fühlte mich für die sinnvolle Weiterverwendung dieser Dinge verantwortlich und konnte sie nicht einfach wegwerfen, deshalb wurde mir mit der Zeit auch klar, dass ich das

Verantwortungsdilemma nur loswerden konnte, wenn ich geschenkte Dinge, die wir nicht wirklich brauchten, konsequent ablehnte. Denn solange sie noch im Besitz einer anderen Person waren, lag auch die Verantwortung dort. Und oftmals schien es den Menschen ja auch in erster Linie darum zu gehen, die Verantwortung für ihre Dinge an jemanden anderen weiterzugeben. Das wollte ich künftig zumindest so gut wie möglich vermeiden. Am wichtigsten war es aber natürlich, selbst nichts Unnötiges mehr zu kaufen. Diese Erkenntnis hatte ich ja schon 2009 beim Ausräumen des Plastikinventars aus unserem Haus gehabt. Doch bei der Sichtung all der Dinge in unserem Stall, wurde mir klar, dass es auch hier noch durchaus Reduktionspotenzial gab. Das alte Sprichwort »Weniger ist mehr« fiel mir in diesem Zusammenhang wieder ein. Doch warum fühlte sich weniger so gut an, und warum wollten wir dann doch immer wieder mehr? Das war doch irgendwie unlogisch. Aber bei genauerem »In-mich-hinein-Spüren« wurde mir bewusst, dass es eben beide Seiten gab. Die eine, die ich immer bei unseren Campingurlauben erlebt hatte, wenn ich auf einmal bemerkte, mit wie wenig Dingen man auskommen und wie unglaublich wohl man sich dabei fühlen konnte. Wie gut es tat, einfach nur Zeit für sich selbst und die Familie zu haben, in der Natur zu sein, nichts einkaufen gehen zu müssen. Die andere, die ich am besten mit meinem ersten Einkaufstripp in der Shoppingmall in Amerika beschreiben konnte, wo auf einmal das Gefühl da war, alles Mögliche zu brauchen oder zumindest haben zu wollen, was vorher überhaupt kein Thema gewesen war. Beides war wohl irgendwie tief in den Menschen verankert. Das »Vorräte-Anlegen«, wenn gerade alles im Überfluss vorhanden war, genauso wie das Abwerfen von überflüssigem Ballast. Beides hatte wohl evolutionär gesehen seine Berechtigung gehabt, doch in der aktuellen Lage, wo zumindest in unserer Gesellschaft der Überfluss zum Dauerzustand geworden war, sollte wohl langsam das Abwerfen oder gar nicht erst mehr Anlegen von überflüssigem Ballast in den Vordergrund treten. Der Grund, warum sich Ausmisten für die meisten Menschen, die ich kannte, so gut anfühlte, war wohl, dass »zu viel« auf die Dauer genauso ungesund war wie »zu wenig«. Und das war etwas, was zum Glück doch auch immer mehr Menschen beschäftigte und in weiterer Folge dazu animierte, sich für Veränderungen zu engagieren.

Upcycling und Reparieren gehen Hand in Hand

Peter kann nicht nur fast alles reparieren, er ist auch seit jeher der Experte für die Verwertung von alten Dingen in unserer Familie. Und so bekamen zumindest manche der alten Dinge, die wir in unserem Stall aufbewahrten, doch wieder eine neue Funktion und damit einen Sinn. Es war nur für mich nicht immer ganz einfach zu erkennen, als Peter dann zum Beispiel aus dem alten Waschmaschinenmotor und einigen Eisenstangen einen automatischen Türöffner für unser altes Scheunentor gebaut hatte, sodass man es per Funk vom Auto aus öffnen konnte, war ich doch sehr begeistert.

Auch diverse alte Möbelstücke konnte Peter einer gänzlich neuen Funktion zuführen, so bastelte er den Gitarrenverstärker, den Leonard geschenkt bekam, als er begann E-Gitarre zu lernen, aus einem alten Nachtkästchen. Und auch die alten Fahrräder, die er im Stall sammelte, bekamen schließlich wieder eine neue Aufgabe, sie wurden Teil eines »Stromerzeugungs-projekts«. Damit konnte man vorerst völlig CO_2-frei, nur mit Muskelkraft den Strom für eine Musikanlage erzeugen. Etwas später entwickelte Peter daraus dann gemeinsam mit einer Künstlerin aus Wien auch noch eine Installation, mit der man sogar noch zusätzlich Lichteffekte erzeugen konnte. Dieses Gerät kam mittlerweile auch schon bei Festivals zum Einsatz. Bei einem Stromausfall am letzten Event hat es sich insofern schon sehr bewährt, als es in dieser Situation die einzige Licht- und Musikquelle war. Peters *Upcycling*-Projekte sorgten teilweise für Erstaunen und durchaus auch für Bewunderung, und für uns als Familie war und ist es natürlich sehr nützlich und Geld sparend, dass Peter so erfindungsreich und geschickt ist. Leider ist das kein generell umsetzbares Konzept im Umgang mit alten Dingen oder Sachen, die man einfach nicht mehr braucht.

Vor allem meine Erfahrungen im Altstoffsammelzentrum unserer neuen Gemeinde sind in Bezug auf *Wiederverwendung (Re-Use)* oder zumindest *stoffliche Wiederverwertung* von Gebrauchsgegenständen extrem ernüchternd. Es passierte mir immer wieder, dass ich Leuten ihren vermeintlichen Sperrmüll am liebsten entreißen und mit nach Hause nehmen würde. Einzig das Wissen, dass wir schon mehr als genug Upcycling-Material zu Hause haben, hält mich davon ab. Es sind unfassbare Mengen, die hier landen, teils kaputte Dinge, teils auch völlige intakte, die man ohne Weiteres in jedem Secondhand-shop hätte verkaufen können. Andere sind zwar sichtlich noch relativ neu, aber offenbar von so schlechter Qualität, dass sie schon nach kurzer Zeit kaputtgegangen sind. Man findet dort wirklich fast alles, von Matratzen, über Möbelstücke, Plastikkinderküchen, Koffer, Lampenschirme, Wäscheständer, alte Sportgeräte. Ich fragte mich zunehmend, warum es keine Konzepte gibt, all diese Dinge einer gezielten Wiederverwendung oder Verwertung zuzuführen. Doch bei vielen Dingen wäre es eben schon aufgrund der Produktionsweise wahrscheinlich gar nicht möglich, die einzelnen Bestandteile oder Stoffe sinnvoll zu trennen. Ich bin ja in meiner neuen Tätigkeit auch für das Thema Abfallwirtschaft zuständig, aber mit der Zeit und durch unterschiedliche Recherchen ist mir immer klarer geworden, dass es hier ein Problem gibt, das eigentlich bei der Produktion der Dinge beginnt: Es gibt einfach keine entsprechenden, allgemeingültigen, gesetzlichen Vorgaben, die sicherstellen, dass Produkte im Sinne einer Kreislaufwirtschaft gut wiederverwertbar sind. Das Prinzip Verschwendung gilt für Gebrauchsgegenstände genauso wie für Kleidung, Elektronik, Nahrungsmittel und Energie – und es beginnt nicht mit dem Wegwerfen, sondern schon mit der Idee eines Produktes. Will man nicht einfach etwas zum Wegwerfen produzieren, sondern zumindest die Rohstoffe des Produktes wiederverwerten, muss das schon im Design berücksichtiget werden. Intelligentes Produktdesign wäre also eine Grundvoraussetzung für Reparaturfähigkeit, Haltbarkeit und Wiederverwertbarkeit und damit in Bezug auf Gebrauchsgüter sicher eine der wichtigsten Voraussetzungen, um sinnlose Verschwendung beenden zu können. Und das ist eindeutig eine Aufgabe, die selbst die ambitioniertesten Einzelpersonen überfordert – hier braucht es einfach klare gesetzliche Vorgaben.

Es kann einfach nicht sein, dass die Verwertbarkeit und Wiederverwendung von Produkten vom Geschick und Engagement einzelner Menschen abhängig ist! Und wer nicht selbst reparieren oder etwas Neues daraus basteln kann, hat Pech gehabt und muss halt wegwerfen? Mir ist inzwischen jedenfalls sonnenklar: Wenn wir Verschwendung und den damit einhergehenden CO_2-Ausstoß beenden wollen, braucht es einfach viele Menschen, die sich dafür engagieren, und eine Politik, die dafür die Voraussetzungen schafft.

König der Reparaturen

Ich lernte Sepp Eisenriegler in Wien kennen. Sepp ist der Gründer des »Reparatur und Service Zentrums«, kurz R.U.S.Z., und ein extrem umtriebiger und engagierter Mensch. Er hatte das Reparaturzentrum aus mehreren Gründen ins Leben gerufen: die immer schlechtere Qualität von Elektrogeräten und Elektronik, die Unmöglichkeit, gewisse Geräte zu reparieren, weil sie verschweißt waren, es keine Ersatzteile mehr gab oder einfach niemand zu finden war, der noch in der Lage war, die Geräte zu reparieren, und der Ärger darüber, wie viel unnötiges Geld für neue Geräte von schlechter Qualität ausgegeben wurde. Nun war er damit bereits sehr erfolgreich und hatte sich durch seine fundierten Recherchen und Vorträge auch schon einen Namen in diesem Bereich gemacht. Bei meinem Besuch in seinem Betrieb war ich insgesamt unglaublich beeindruckt. Alleine die Menge der dort abgegebenen Alt-Geräte war schlichtweg umwerfend, und das, obwohl es sich hier naturgemäß nur um einen winzigen Bruchteil der Geräte handelte, die in Wien anfielen. Am meisten aber beeindruckte mich die Gegenüberstellung zweier Waschmaschinen. Die eine war über 30 Jahre alt, die andere gerade mal drei Jahre. Sepp hatte beide Maschinen zu Anschauungszwecken hinten geöffnet, damit man das

Innenleben gut vergleichen konnte. »Was fällt dir auf, wenn du die beiden vergleichst?«, fragte er mich, nachdem ich mich nach dem Zweck dieser offenen Waschmaschinen erkundigt hatte. Tatsächlich sah das Innenleben der beiden Maschinen extrem unterschiedlich aus. Obwohl ich wirklich alles andere als eine Waschmaschinenexpertin bin, fiel selbst mir auf den ersten Blick auf, dass die dreißigjährige einfach viel stabiler wirkte. Fast alle Teile waren aus Edelstahl, und man sah immer wieder Schrauben und Teile, die man offenkundig mithilfe eines geeigneten Werkzeugs austauschen konnte. Die andere Maschine war innen fast nur weiß, das heißt, es waren fast alle Teile aus Kunststoff. Ich sah keine Schrauben, und es schien, als würden alle Teile irgendwie zusammenhängen. Die dreijährige sah insgesamt jedenfalls viel filigraner aus. Nachdem ich Sepp meine Wahrnehmungen mitgeteilt hatte, nickte er zufrieden und meinte: »Sehr richtig! Und genau das ist der Grund, warum die eine fast 30 Jahre und die andere nicht mal drei Jahre gehalten hat!« Er erklärte mir, dass bei der neuen Maschine fast alle entscheidenden Verschleißteile aus Plastik bestanden und miteinander verschweißt waren. Das hatte nicht nur zur Folge, dass sie – wie man ja schon auf den ersten Blick sah – viel weniger stabil waren und leichter kaputtgingen, sondern auch, dass sie, wenn sie nun mal kaputt waren, eigentlich nicht mehr einzeln ausgetauscht werden konnten. Im Gegensatz dazu waren bei der alten Maschine fast alle Teile aus Edelstahl, einzeln verschraubt und dadurch auch auswechselbar. Aufgrund des stabileren Materials und der sorgfältigen Verarbeitung hatte sie eben tatsächlich so lange gehalten und war praktisch ein Sinnbild für langlebige Produktionsweise und Reparierbarkeit. Sie ersetzte somit zehn Stück dieser neuen

Waschmaschinen. Natürlich war das nicht immer genau so, aber dieses Beispiel war doch extrem beeindruckend. Und abgesehen von der Geld- und Ressourcenverschwendung hatte die Billigbauweise auch noch andere ökologisch höchst bedenkliche Folgen, denn wie Sepp mir eindringlich erklärte, verursachte die Produktion den größten Teil der CO_2-Emissionen im Leben einer Waschmaschine. So viel kann man selbst mit dem »Energiesparmodus« einer neueren Maschine niemals mehr einsparen. Es ist also doppelt und dreifach absurd! Wie kann es nur sein, dass man vor mehr als 30 Jahren Waschmaschinen bauen konnte, die 30 Jahre hielten, und heute geht das trotz der technischen Möglichkeiten und trotz enormer Weiterentwicklung nicht mehr? Eigentlich wäre doch wohl eher zu erwarten, dass man heutzutage noch langlebigere Geräte bauen kann. Es ist einfach völlig grotesk, und ich war regelrecht empört. Prompt fiel mir auch wieder die Geschichte unseres Geschirrspülers ein, den ich schon durch einen neuen ersetzen wollte und den Peter schließlich durch den Einbau eines neuen Schalters für 70 Cent repariert hatte. Auch dieses Gerät, das immer noch tadellos funktionierte, wäre wahrscheinlich in den meisten Familien einfach aus Mangel an Alternativen entsorgt worden.

Sepp hingegen war diesbezüglich schon abgebrüht und hatte auch ganz klare Vorstellungen, was getan werden musste, um den Verschwendungskreislauf in diesem Bereich zu unterbrechen. Man müsste bei der Produktion ansetzen: Es bräuchte klar geregelte Ressourceneffizienz-Standards innerhalb einer möglichst EU-weiten Ökodesignrichtlinie, damit alle elektronischen und elektrischen Geräte endlich wieder langlebig und reparaturfreundlich gebaut würden. Die Mehrwertsteuer auf

Reparaturleistungen müsste drastisch gesenkt werden, und überhaupt sollten Dienstleistungen im Sinne von Verleihmodellen massiv gefördert werden, weil sie eine ressourcenschonende und reparaturfreundliche Produktionsweise und damit eine klimaschonende Nutzung von Geräten unterstützen würden.

Es klang wieder einmal alles so logisch und einfach. Das waren im Prinzip ganz einfache Lösungen, auf die man auch als Nicht-Expertin recht leicht kommen konnte, sie waren nur auf kommerzielle Gewinnmaximierung ausgelegt. Ich fühlte mich auf der einen Seite bestätigt und zutiefst verärgert auf der anderen. Es war ein ähnliches Gefühl wie beim Verlassen des Kinos nach »Plastic Planet«, nur noch ein bisschen ärger. Ich fühlte mich nämlich nicht nur als potenzielle Kundin für dumm verkauft, sondern ärgerte mich auch noch mehr über die Ablehnung meiner diversen politischen Vorstöße in diesem Bereich. Hier braucht es offenkundig einfach noch viel mehr Druck von Menschen, die sich diese Verschwendung, die ja nicht nur finanziell auf ihre Kosten geht, einfach nicht mehr gefallen lassen und entsprechende gesetzliche und steuerliche Veränderungen politisch einfordern.

Im Endeffekt verließ ich das R.U.S.Z. und Sepp doch mit einem gehörigen Motivationsschub, denn alles, was ich dort gesehen und gelernt hatte, passte perfekt zu den vielen Bemühungen von unterschiedlichen Menschen, Initiativen und Organisationen, die ich in den letzten Jahren kennengelernt hatte, und auch zu unserem eigenen Lebensstil. Zudem war dies auch genau die Stoßrichtung, die ich in meiner politischen Tätigkeit bisher verfolgt hatte und nun sehr bestärkt weiterverfolgen würde! Der notwendige Wandel unserer Wirtschaftsweise erfordert nun mal, dass wir zunächst Alternativen und neue

Möglichkeiten sichtbar machen, erst dann kann sich ein neues System nach und nach etablieren.

Neue Läden im Land

Ich lernte Beatrix im Zuge meiner Landtagstätigkeit kennen, als sie damals 2016 begonnen hatte, »offene Bücherregale« in Graz zu organisieren und eine Zero-Waste-Gruppe in Graz gründete. Doch sie hatte meine Geschichte schon von Beginn an mitverfolgt, und da sich unsere Wege im Zuge ihres Engagements und meiner Aktivitäten immer wieder kreuzten, erzählte sie mir schließlich auch, dass meine Geschichte sie motiviert und zu eigenen Projekten angeregt hatte.

So richtig gestartet hatte sie dann 2015/2016. Sie war einfach immer unzufriedener mit der Situation geworden, dass viele Menschen so viel arbeiteten, zu viel und vor allem zu viel Sinnloses konsumierten und als Ausgleich zum Stress glaubten, um die Welt jetten zu müssen. Ihr wurde immer bewusster, dass wir durch unseren Lebensstil nicht nur unseren Planeten an die Wand fahren, sondern auch uns selbst nicht unbedingt glücklich machten. Doch sie fühlte sich noch etwas »alleine« mit dieser Erkenntnis.

Kurz darauf meldete sie sich zum Talentetausch Graz an, weil sie der geldfreie Austausch von Lebenszeit im Verhältnis eins zu eins einfach faszinierte. Über den Talentetausch bekam sie schließlich einen Workshop zum Thema »Nachhaltig leben« angeboten und absolvierte schließlich den Fernlerngang »Ich habe genug«. Bereits während des Lehrgangs begann Beatrix in der Pfarre, wo sie mich zum ersten Mal gesehen hatte, mit dem Aufstellen von offenen Bücherregalen – also Regalen, in die man gebrauchte Bücher stellen konnte und die jedem zur freien Entnahme offenstanden, so wie es sie seit den 1990er-Jahren vor allem im Raum Hannover gibt. Das ging so einfach, dass es sie ermutigte weiterzumachen. Heute gibt es allein in Graz mehr als 90 offene Bücherregale.

Bisher hatte Beatrix immer gedacht, mangels entsprechender Ausbildung in dieser Richtung nichts bewirken zu können. Dazu dachte sie fälschlicherweise auch, es würden sich ohnehin schon viele andere darum kümmern.

Sie bemerkte bald, wie wenig die Menschen über die bereits bestehenden Möglichkeiten Bescheid wussten, und begann zunächst einmal, mehr zu »reden« – mit Freundinnen, Verwandten, Arbeitskollegen und Kolleginnen. Ihre Tipps ließ sie so nebenbei fallen, und umgekehrt versuchte sie alles aufzusaugen, was sie zu den Themen Umweltschutz, Klimakrise, Sharing, weniger Konsum, Reparieren, nachhaltig Leben, Radfahren, usw. in Erfahrung bringen konnte. Dabei bemerkte sie auch, dass es teilweise sehr mühsam war, an Informationen zu kommen, und vermutete, dass auch das für viele Leute noch ein zusätzliches Hindernis sein könnte, sich auf einen nachhaltigeren Lebensstil einzustellen. Wer hatte heutzutage schon Zeit und Lust, stundenlang nach einem Milchautomaten oder einem Kostnixladen zu suchen?

Im Sommer 2016 las Beatrix schließlich wieder einen Artikel, der ihr Interesse weckte. Es ging darin um die Idee des ersten verpackungsfreien Ladens in Graz von Sarah und Verena und darum, dass die beiden ein Crowdfunding starten wollten. Beatrix war davon so begeistert, dass sie Sarah Reindl kontaktierte und ihr ehrenamtliche Hilfe anbot. Für sie war es auch eine positive Bestärkung, eine Gruppe kennenzulernen, die auch schon »auf dem Weg war«. Im folgenden Herbst gründete Beatrix schließlich die Facebook-Gruppe »Offene Bücherregale Graz und Graz-Umgebung«, in der alle bis dato bekannten offenen Bücherregale aufgelistet und immer wieder vorgestellt wurden. Außerdem übernahm sie die Administration der Facebook-Gruppe »Zero Waste Graz« und begann dort Informationen, die sie zum nachhaltigen Leben gesammelt hatte, möglichst motivierend zu präsentieren. Das kam sehr gut an, und die Mitgliederzahlen explodierten innerhalb kürzester Zeit. Rasch wurden aber auch die Schwachstellen der Facebook-Gruppe offensichtlich, denn gerade viele an Nachhaltigkeit interessierte Menschen sind nicht auf Facebook, und die Informationen rutschen immer weiter »nach unten« und verschwinden. Langsam reifte daher die Idee einer Homepage, und zu Beginn des Jahres 2017 machte sich Beatrix auf die Suche nach jemanden, der sie dabei unterstützen könnte. Auf den Aufruf in der Facebook-Gruppe »Zero Waste Graz« meldete sich sehr spontan Andrea, und die beiden legten sofort los. Andrea und ihr Mann fanden die Idee so gut, dass sie beschlossen hatten, dieses Projekt mit ihrer Arbeitszeit zu sponsern und die Webseite einzurichten. Doch schon bald war klar, dass sie auch inhaltlich mitarbeiten würden. Innerhalb von nur wenigen Tagen (und Nächten!) wurde die Webseite schließlich gefüllt und ging nach 14 Tagen unter dem Titel »Nachhaltig in Graz« offiziell online. Das Feedback war enorm positiv und dementsprechend groß auch die Begeisterung von Beatrix und Andrea!

Seitdem wurde die Seite schon mit einigen Preisen ausgezeichnet, wie zum Beispiel mit dem Klimaschutzpreis 2017, und hat auch schon einige erfolgreiche Nachfolgeprojekte in anderen Städten und Regionen anstoßen können:

Nachhaltig im Wechselland (01/2018)
Nachhaltig im Burgenland (07/2018)
Nachhaltig in Baden (02/2019)
Nachhaltig im Innviertel (05/2019)
Nachhaltig in Berndorf (06/2019)

In ganz Österreich, aber auch in Deutschland und der Schweiz gibt es inzwischen solche Netzwerke. Jeder kann und sollte sich informieren wo es in der Nähe Gleichgesinnte gibt! Manchmal finden in Graz rund 100 bis 150 nachhaltige Veranstaltungen pro Monat statt (nicht eingerechnet Floh- und ohne Bauernmärkte). Beatrix bemerkt immer wieder, dass die »richtige« Veranstaltung lebensverändernd sein kann, so wie bei mir damals der Film »Plastic Planet« etwas ausgelöst hat, was schließlich weit über unsere Familie hinaus Menschen bewegte.

Ganz wichtig ist es für »Nachhaltig in Graz«, umfassend und faktenbasiert, aber dennoch leicht verständlich über Maßnahmen, nachhaltig zu leben, zu berichten und zum Ausprobieren zu motivieren – also die richtige Kombination aus Information, Aufrütteln und Motivation. Jeder kann Schritte setzen, um Ressourcen zu schonen und weniger zu verschwenden. Daher ist die Betreuung von offenen Bücherregalen und Entwicklung anderer Sharing-Möglichkeiten, wie Verschenkregalen, eine wichtige Aufgabe von »Nachhaltig in Graz«. Im Dezember 2018 wurde ein eigener Verschenkladen (vom Prinzip her ganz ähnlich wie unser Kostnixladen) in Graz eröffnet. All diese Aktivitäten spiegeln das Gefühl vieler Menschen wider, nichts Brauchbares wegwerfen zu wollen, und weisen darauf hin, dass nicht alles neu gekauft werden muss und man auch nicht alles haben muss, um sich gut zu fühlen. Und es soll auch dazu anregen, zu

Hause auszumisten und das nicht mehr Benötigte wieder in Umlauf zu bringen. Immer wieder melden sich auch Menschen, alte, junge, hauptsächlich weibliche, aber auch immer mehr männliche, die ihre Freizeit sinnvoll verbringen und mithelfen wollen. Jedenfalls erreicht »Nachhaltig in Graz« mittlerweile sehr viele Menschen und trägt dadurch wiederum auch zur Vernetzung und dem Austausch bei. Und es werden immer mehr!

Plastikfrei ist modern geworden

Im Jahr 2009, als ich begonnen habe, den Blog »Kein Heim für Plastik« zu schreiben, war es zumindest im deutschsprachigen Raum, soweit es mir damals bekannt war, der erste seiner Art. Inzwischen hat sich eine regelrechte »Plastikfrei-Szene« entwickelt. Es gibt verschiedene Internetplattformen, Bloggerinnen und Blogger, Geschäfte und Firmen, viele verschiedene Dokus und Bücher und vor allem immer mehr Menschen, denen das Thema ein Anliegen ist. Zwei sehr ambitionierte Aktivistinnen, die ich schon von damals kenne, haben sogar den Verein *Plastic Planet* gegründet, und auch Werner Boote, mit dem uns seither eine Freundschaft verbindet, ist in dieser Sache weiterhin sehr aktiv. Sein neuester Film »The green lie« war im Übrigen durchaus mitentscheidend dafür, dass die Idee, dieses Buch zu schreiben, bei mir konkreter wurde. Auch in diesem Film geht es nämlich neben der offensichtlichen Ausbeutung von Menschen und Ressourcen in vielen Teilen der Welt durch große Player und Konzerne hauptsächlich um den Einsatz und das Engagement der Menschen, die sich dagegen wehren. Und darum, dass wir hinter die Kulissen der Nachhaltigkeitsabteilungen und CSR-Manager schauen müssen, damit wir uns nicht durch weichgespülte Bilder einlullen und für dumm verkaufen lassen. In diesem Zusammenhang hatte ich bald nach Antritt meines Landtagsmandats eine wirklich sehr beeindruckende Begegnung.

Geht nicht gibt's nicht!

Das war ja schon immer mein Motto. Doch nun über die Jahre zeigten hartnäckiges Dranbleiben am Thema und die zunehmende Bewusstseinsbildung auch in Angelegenheiten Wirkung, wo es zu Beginn immer geheißen hatte, das würde nicht gehen! Vor allem bei öffentlichen Veranstaltungen der Gemeinde war es mir immer ein Dorn im Auge gewesen, dass sehr oft noch Einwegbecher oder Teller und sehr viele Einwegplastikflaschen verwendet wurden. Besonders betraf das jahrelang eine sehr große Laufveranstaltung, die die Gemeinde organisierte und an der auch ich regelmäßig teilnahm. Beim »Straßenglerlauf« fielen jahrelang riesige Müllmengen an. Einerseits durch die Getränke und Essensausgabe und andererseits durch die Sackerln, die alle Läuferinnen und Läufer bei der Anmeldung erhielten und in denen sich neben mindestens zwei Plastikflaschen auch noch alle möglichen anderen plastikverpackten Unnötigkeiten befanden. Meine Freundin und Gemeinderatskollegin Johanna half regelmäßig bei der Organisation und Abwicklung mit. Wir beide machten diesen unnötigen Müll bei einem eigentlich sehr tollen Event immer wieder zum Thema von Ausschusssitzungen und Gemeinderatssitzungen. Anfangs hieß es immer, dass man aus gewissen Gründen nichts daran ändern könne, die Firmen eben die Dinge für die Sackerln sponsern würden, wiederverwendbares Geschirr und Becher zu aufwendig oder zu teuer wäre, keine Waschmöglichkeit bestünde und so weiter und so fort. Mich ärgerte das vor allem deshalb sehr, weil es anderen Vereinen in unserer Gemeinde schon seit Langem gelang, Veranstaltungen und Feste zumindest größten Teils mit Mehrwegbechern und Geschirr zu organisieren. Doch über mehrere Jahre, wo wir das immer wieder thematisierten und Vorschläge einbrachten, änderte sich schließlich doch das Bewusstsein einiger Gemeinderatskolleginnen, und beim heurigen Straßenglerlauf war es schließlich tatsächlich so, dass ausschließlich Mehrweggeschirr und Becher verwendet wurden und in den Sackerln nur mehr Gutscheine für Getränke und keine Plastikflaschen mehr enthalten waren. Dadurch war das Müllaufkommen drastisch reduziert und das ganze Event aus meiner Sicht deutlich aufgewertet. Ich war wirklich begeistert und gratulierte nicht nur Johanna, die sich da wirklich sehr dahintergeklemmt hatte, sondern natürlich auch der Hauptorganisatorin und unserem Bürgermeister zu dieser deutlichen Verbesserung!

Ein kleines Resümee und eine große Vision

Es ist ja kein Zufall, dass alles so läuft, wie es läuft. Es ist weder gottgegeben noch schicksalhaft, es läuft schlicht und einfach nach den Regeln, die wir Menschen gemacht haben. Deshalb ist es auch durch uns Menschen veränderbar. Es folgt der Logik einer gewissen Macht und Geldverteilung. Und es wird ganz sicher nicht zufällig und von selbst oder durch den viel gepriesenen »Markt« gerechter, ökologischer und sparsamer. Wenn dem so wäre, müssten wir wohl längst in einer ökonomisch gerechten und ökologisch abgesicherten Welt leben. Natürlich kann jeder einzelne Mensch etwas verändern, direkt durch sein

Handeln und indirekt durch seine Vorbildwirkung. Es ist meine feste Überzeugung, dass jeder Mensch, der sozial und finanziell einigermaßen abgesichert ist und das Glück hatte, Bildung und genug persönlichen Freiraum zu erfahren, dieser Vorbildwirkung gerecht werden sollte.

Für mich persönlich hat sich das irgendwann nahezu wie eine Verpflichtung angefühlt. Ich habe ein gutes Leben, eine wunderbare Beziehung, drei gesunde Kinder, einen Beruf, den ich unglaublich gerne ausübe, ein zwar altes, aber sehr gemütliches Haus mit Garten, einen großen Freundeskreis und vielleicht am wichtigsten: wohl auch Eltern, die mir viel über die wichtigen Dinge im Leben beigebracht haben. Wer, wenn nicht ich, wer sollte dann mit dem Verändern beginnen? So war es damals vor zehn Jahren, als ich begann, Plastikverschwendung zu verweigern. Und auch wenn es damals viele für sinnlos hielten, auch wenn ich tausendmal gehört habe: »Was bringt es schon, wenn das nur ein paar Leute machen«, war es für mich immer richtig, hat es sich gut angefühlt, hat es etwas verändert. Gerade meine Kinder waren immer wieder ein entscheidender Grund dranzubleiben, weiterzumachen, immer wieder darüber nachzudenken, was ich noch tun könnte, wo ich noch einen Beitrag leisten könnte.

Dass Fliegen immer noch um so viel günstiger ist, als mit dem Zug zu fahren, ist nicht nur ökologischer Wahnsinn, sondern benachteiligt massiv diejenigen, die auch gerne reisen, aber eben lieber die umweltverträglichere Variante wählen wollen. Das verletzt Marlenes angeborenen Gerechtigkeitssinn massiv, und sie sagte eines Tages: »Mama, du musst weitermachen – das muss sich unbedingt ändern!«

Ich bin stolz auf meine Kinder. Sie haben nicht nur all die Jahre unsere Art zu leben mitgeprägt und mitgetragen, sie haben vieles davon nun auch in ihr eigenes, selbstständiges Leben übernommen und integriert. Ich will jedoch nicht, dass sie vor lauter Nachdenken und Grübeln ihre Lebensfreude oder gar die Hoffnung auf eine gute Zukunft verlieren, sondern ich möchte sie darin bestärken, sich zu engagieren, doch ich will nicht, dass sie versuchen, die Last der ganzen Welt auf ihre Schultern zu nehmen. Und schon gar nicht will ich, dass sie resignieren.

Ich habe gerade in den letzten Monaten sehr viele beeindruckende, junge Menschen kennengelernt, die einerseits selbst Verantwortung übernehmen, aber auch ganz klar die Verantwortung der Politik benennen. Viele der jungen Klimaschützerinnen kaufen hauptsächlich Secondhandmode, essen zumindest weniger tierische Produkte, haben kein eigenes Auto, versuchen kein Einwegplastik zu kaufen und vieles mehr. Doch auch ihnen ist sonnenklar, dass es mehr braucht, um in den paar verbleibenden Jahren eine echte Wende zu schaffen. Sie wissen genau, was auf dem Spiel steht, und sie fordern, dass das endlich auch die politisch Verantwortlichen ernst nehmen und handeln.

Und um es an dieser Stelle einfach einmal ganz unumwunden auszudrücken: Nach mittlerweile vier Jahren inmitten des politischen Geschehens bin ich mir sicher, dass die regierenden politisch Verantwortlichen einen gehörigen Tritt in den Hintern brauchen und sich mehr einzelne Menschen als bisher engagieren werden müssen, um diesen Tritt so wirkungsvoll zu machen, dass die notwendigen Entscheidungen schnell genug fallen und endlich die Grundlagen für eine lebenswerte Zukunft geschaffen werden!

Es ist zur Zeit sehr beliebt und auch politisch opportun, sich darüber zu freuen, dass junge Menschen auf die Straße gehen, um für ihre Zukunft zu demonstrieren, und es ist ja auch wirklich toll, dass sich so viele engagieren. (Wofür im Übrigen auch die Aktion einer einzelnen Schülerin, einer gewissen Greta Thunberg aus Schweden, den Anstoß gegeben hat.) Doch wenn wir, die Generation, die das Dilemma zweifellos vorrangig zu verantworten hat, die jungen Leute dabei alleine lassen, vergeben wir praktisch die letzte Chance, etwas wiedergutzumachen. Und eine Politik, die zwar bei jeder Gelegenheit lobhudelt, wie wichtig es ist, dass sich die jungen Leute einsetzen, aber gleichzeitig nach dem Motto handelt: »Sollen die nur demonstrieren, wir machen mal gemütlich so weiter wie bisher«, ist unfassbar scheinheilig und verantwortungslos. Das fällt für mich in die gleiche Kategorie wie das ständige Abschieben der Verantwortung durch die Politikerinnen und Politiker, die genau für die bestehenden Rahmenbedingungen verantwortlich sind, auf die Konsumentinnen und Konsumenten, die angeblich alles entscheiden könnten. Doch die Verantwortung kann nie »der Einzelne« alleine nur durch seine Konsumentscheidungen haben! Produktion, Handel und Politik sind nicht nur individuell, sondern durch System und Strukturen, in denen wir leben, geprägt. Eine Bedingung für die Reduktion von Emissionen und Verschwendung wäre zum Beispiel, dass auf jedem Produkt die Treibhausgasbilanz gelistet werden muss. Eine weitere aus meiner Sicht, dass die Produkte, die weniger Emissionen verursachen, billiger wären als die, die viele verursachen. Und das müsste natürlich genauso für Mobilität und Dienstleistungen jeglicher Art gelten. Dass Zugfahren noch immer viel teurer ist als Fliegen, können wir uns auf die Dauer einfach nicht mehr leisten. Gleichzeitig bräuchte es natürlich auch eine soziale Abfederung in der Umstellungsphase. Das alles sind klare

191

politische Aufgaben. Ob und wie sie wahrgenommen werden oder auch nicht, hängt in erster Linie von Wahlergebnissen und daraus folgenden Kräfteverhältnissen ab. Und auch daran wirken wir ja alle letztlich mit – oder sollten es zumindest! Die Fridays-for-Future-Bewegung ist jedenfalls auch für mich zu einem Symbol der Hoffnung geworden und spornt mich enorm an.

Die große Vision ist nichts anderes als die Realisierung schöner Worte und Begriffe, die es teilweise schon seit vielen Jahrzehnten im politischen und gesellschaftlichen Diskurs gibt:

Energiewende, Kreislaufwirtschaft, nachhaltige Land- und Forstwirtschaft, günstiger und gut ausgebauter öffentlicher Verkehr – das alles ist zumindest auf Papier längst vorhanden. Es gibt jede Menge Ideen, die Konzepte liegen am Tisch, die technischen Lösungen ebenso, sie müssen nur endlich umgesetzt werden!

Denn wenn Kreislaufwirtschaft nur auf dem Papier steht, aber in der Wirklichkeit nicht einmal ein funktionierendes Pfandsystem und eine verpflichtende Mehrwegquote für Getränkeflaschen existiert, dann nutzt das in der Realität nichts.

Wenn der Zug mindestens dreimal so viel kostet wie das Flugzeug und mögliche Ansätze, das umzudrehen, immer noch blockiert werden. Wenn in manchen Gegenden der Bus genau zweimal am Tag fährt und noch dazu teurer kommt als die Autofahrt. Wenn Energiewende propagiert wird, aber gleichzeitig der Verbrauch von Energie immer weiter steigt und Einsparung nicht einmal ein Thema ist, wenn so getan wird, als könne man mit erneuerbaren Energien ein Fass ohne Boden füllen, wenn dort, wo Einsparung möglich wäre, bei Gebäudedämmung, dezentraler Energieerzeugung durch Nutzung der Sonnenkraft, massivem Ausbau von öffentlichen Verkehrsmitteln und Radverkehrsinfrastruktur nichts weitergeht – dann klafft zwischen Sein und Schein eine gewaltige Lücke. Und das sind nur ein paar der vielen Lücken, die ich während der letzten vier Jahre in der Politik kennengelernt habe.

Diese Lücken müssen wir jetzt schließen. Wir müssen Klimaschutz vom Papier in die Realität bringen, und zwar schnell. Und das Beenden von Verschwendung in allen Lebensbereichen ist dazu zwingend notwendig. Dafür braucht es nicht nur viele »brave« Konsumentinnen und Konsumenten, sondern vor allem viele engagierte Menschen. Und zwar in allen Bereichen des Lebens, denn auch die Politik ist schließlich von Menschen gemacht! Und auch diese Menschen müssen endlich erkennen, dass Umwelt- und Klimazerstörung nicht gratis ist. Sie kostet uns die Lebensgrundlagen und unseren Kindern die Zukunft! Wenn wir das nicht wollen, müssen wir mithelfen, es zu verhindern.

Es gibt also noch genug zu tun. Für uns alle. Es wird einen gemeinsamen Kraftakt brauchen, von Politik, Zivilgesellschaft, Wirtschaft. Doch es könnte sich auch auszahlen. Wir haben viel zu verlieren, aber noch viel mehr zu gewinnen.

Immer wenn ich auf der persönlichen Ebene reflektiere, was sich in den letzten zehn Jahren so getan hat, bin ich im Grunde recht zufrieden.

Unser halbes Auto hat sich sehr bewährt. Wir fahren noch mal deutlich weniger mit dem Auto als früher, und es hat unsere Lebensqualität nicht im Geringsten eingeschränkt – im Gegenteil. Das Teilen des Autos hat uns über die Jahre nicht nur gefahrene Autokilometer, sondern durch das Aufteilen aller autobezogenen Kosten natürlich auch viel Geld gespart. In all den Jahren hat es höchstens zwei oder drei Situationen gegeben, in denen wir Bedarfsüberschneidungen hatten, und auch die ließen sich immer konfliktfrei und zur Zufriedenheit aller lösen, zwei- oder dreimal gab es leichte Verwirrung darüber, wer das Auto nun wo abgestellt hatte. Natürlich gab es Situationen wo ich auch mal auf die Hilfe einer Freundin angewiesen war, die mich irgendwo abholte oder hinbrachte, oder ein netter Nachbar mich am Weg zum Bahnhof mit dem Auto mitnahm. Wenn es wirklich mal ganz eng wurde, leistete ich mir auch ohne schlechtes Gewissen ein Taxi, denn das, was ich dadurch verbrauchte, sparten wir durch das halbe Auto vielfach ein!

Das Autoteilen hat also mittlerweile sieben Jahre lang wirklich tadellos funktioniert, und durch das Sharing-Modell wurde die Planung der notwendigen Autofahrten noch einmal deutlich verbessert.

Damit solche Modelle aber massentauglich werden, bräuchte es schon noch mehr. Wenn es für viele Menschen attraktiver werden soll, Autos zu verwenden, ohne gleich ein eigenes zu besitzen, sollten Versicherungen solche Sharing-Modelle auch offiziell versichern. Es muss gesetzliche Regelungen geben, wie sich ein potenzieller Unfall auf die Bonus-Malus-Berechnung der einzelnen Sharing-TeilnehmerInnen auswirkt, und im besten Fall auch noch steuerliche Begünstigungen für Sharing-Modelle. Denn sie führen ja tendenziell zu weniger Autoverkehr, aber jedenfalls auch zu weniger Platzverbrauch für Autos, was speziell in Städten angesichts der Klimakrise und der notwendigen Begrünung, um lokal Hitze zu reduzieren, immer wichtiger wird. Wir brauchen also mehr vernünftige Rahmenbedingungen und Gesetze, die auch sinnvolle, individuelle Modelle der Mobilitätsnutzung aktiv unterstützen! Auch in Zukunft wird man nicht überallhin mit dem Fahrrad oder dem öffentlichen Verkehr kommen, und auch neue Technologien sind jedenfalls noch sinnvoller eingesetzt, wenn man sie sparsam einsetzt!

Marlenes Skijacke hat sich bewährt

Auch im Bereich Kleidung zeigen die Bemühungen, Verschwendung zu reduzieren, Wirkung. Ich persönlich besitze mittlerweile eigentlich drei Kategorien an Kleidungsstücken. Die weitaus größte beinhaltet alle gebrauchten Kleidungsstücke, die ich in den letzten Jahren erstanden habe, entweder im Kostnixladen, bei Kleidertauschmärkten, Flohmärkten, in Secondhandshops oder von Freundinnen übernommen. Die andere sind neue Sachen, die ich normalerweise ausschließlich in Spezialgeschäften für fair gefertigte Mode aus biologisch produzierten Materialien kaufe. Diese Teile sind natürlich in der Anschaffung verhältnismäßig teuer, doch dafür kaufe ich auch wirklich nur mehr sehr selten etwas neu. Und die dritte Kategorie sind Sachen, die ich teilweise schon seit zwanzig Jahren oder noch länger besitze, die mir immer noch passen und von denen ich mich aus unterschiedlichen Gründen einfach nicht trennen kann, zum Beispiel ein schwarzes Samtoberteil mit dunkelblauem Satinkragen, das mir mein Vater zu meinem Maturaball gekauft hat. Einige dieser wirklich alten Teile stammen also tatsächlich aus den späten 80er- oder frühen 90er-Jahren. Und in diesem Fall ist es wieder einmal ein großer Vorteil, dass sich modische Trends offenbar doch alle paar Jahrzehnte wiederholen, denn mit einem Großteil dieser ausgemusterten Dinge hat Marlene nun die größte Freude.

In Summe gebe ich jetzt nicht nur weniger Geld für Kleidung aus, sondern habe trotzdem auch weitaus hochwertigere Sachen im Schrank als früher. Ich schätze den Wert dieser Kleidungsstücke auch viel mehr, und zwar unabhängig davon, ob ich Geld dafür ausgegeben oder sie gratis bekommen habe. In den Jahren der Umstellung ist mir nämlich bewusst geworden, dass die Wertschätzung und damit der achtsame Umgang und das Nicht-Verschwenden ganz entscheidend davon abhängt, den Wert auch wahrzunehmen und zu spüren. Dafür ist es völlig unerheblich, ob es sich um ein neues, teures Teil handelt oder ein Stück aus dem Kostnixladen, es geht einfach um die Qualität, und die kann gerade bei gebrauchten Dingen, die noch in gutem Zustand sind, oft sogar besser sein als bei neuer Ware. Ich habe diese Erfahrung vor allem in den letzten Jahren oft gemacht, weil ich durch meine Landtagstätigkeit immer wieder eher elegante Kleidung brauche, die ich mir normalerweise nicht unbedingt kaufen würde und für die ich daher auch nicht so gerne Geld ausgebe. So habe ich vermehrt im Kostnixladen nach entsprechenden Stücken Ausschau gehalten und schätze den Wert dieser Dinge, obwohl ich gar nichts dafür bezahlen musste, mindestens genauso wie bei meinen gekauften, teureren Stücken.

Doch manchmal gibt es auch Glückstreffer. So einer muss wohl Marlenes Skijacke gewesen sein, obwohl sie vor mehr als fünf Jahren im Abverkauf nur vierzig Euro gekostet hat, ist sie immer noch absolut in Ordnung. Da sie Marlene, die inzwischen tatsächlich ein Stück größer ist als ich, nun doch schon etwas zu klein ist, habe ich sie wie versprochen übernommen und gehe davon aus, dass ich sie wohl noch die nächsten fünf bis zehn Jahre verwenden werde – sofern Tourenskifahren in dieser Zeit noch ein Thema sein wird. Und selbst im Fall von Marlenes Skijacke spielt Wertschätzung eine Rolle. Die Tatsache, dass sie für Marlene so wertvoll war, hat ihren Wert auch bei mir gesteigert. Und auch wenn ich mir selber wahrscheinlich nie so eine Jacke gekauft hätte: Ich trage sie gerne und irgendwie auch mit einem gewissen Stolz.

Gerade bei Kleidung scheint mir eine allgemeine Kehrtwendung von der Quantität, die ein schon fast unerträgliches Ausmaß angenommen hat, hin zu wieder mehr Qualität und Wertschätzung ohne entsprechende Rahmenbedingungen, ohne politische Steuerung sehr schwierig. Solange Umwelt- und Klimazerstörung gratis sind, solange die Folgen von Pestizideinsatz, Wasserverbrauch, Transport und chemischer Behandlung von Kleidung nicht in den Preis eingerechnet werden müssen, sprich, solange es keine Kostenwahrheit gibt, wird der globale Irrsinn der Kleidungsüberproduktion und Verschwendung wohl mit all seinen Konsequenzen für Menschen und Natur weitergehen. Wir lagern die unmittelbaren Folgen dieses Irrsinns zwar großteils in andere Länder aus, und diese »externalisierten Kosten« (siehe Glossar) zahlen damit primär die Menschen in den Anbau- und Produktionsländern mit ihrer Gesundheit, der Zerstörung ihrer Umwelt und Vergiftung ihrer Gewässer, doch über den Umweg der Klimakrise kommen die Folgen letztlich auch zu uns und führen uns drastisch vor Augen, was uns die Verschwendung kostet. Persönlich bleibt einem nur die Verweigerung. Für Menschen, die sich in diesem Bereich engagieren wollen, gibt es aber noch mehr Möglichkeiten: Abgesehen von der Organisation von Kleidertauschmärkten und Kostnixläden, kann auch in sehr kleinem Rahmen durch Weitergabe von Kleidung und Schuhen im privaten Umfeld sehr viel Verschwendung reduziert werden. Vor allem aber tragen all diese Dinge, die die Einzelnen tun können, auch dazu bei, das Thema präsenter zu machen, den Überfluss und die gigantische Verschwendung zumindest einmal ins Bewusstsein zu rücken. Wem das alles zu wenig ist, stehen natürlich auch NGOs wie Südwind oder viele andere Umwelt-NGOs offen, um sich zu betätigen. Natürlich kann das im einen oder anderen Fall auch sehr politisch werden, denn die schöne heile Welt der Mode, die uns in Werbung und auf Plakaten stets als unentbehrlich für unser Glück vorgegaukelt wird, hinterlässt einen gigantischen Trampelpfad auf dieser Welt, wenn es den finanziellen Profiteuren weiterhin gelingt, uns Kleidung mehr oder weniger als Einwegprodukt zu verkaufen und maßlose Verschwendung als Normalität zu etablieren.

Das gilt ganz genauso für den massenhaften Sojaanbau auf niedergebranntem Regenwaldboden zum Zweck von Massenfleischproduktion, mit der zum Teil auch noch unfassbar grausame Tierqual verbunden ist. Ebenso für Palmölproduktion, Kaffeeanbau, Elektronik, die Liste kann man nahezu beliebig lange fortführen. Alles, was anderswo unter ökologisch und sozial inakzeptablen Bedingungen angebaut, abgebaut oder produziert wird, um einerseits den Profit weniger Akteure zu vergrößern und andererseits Verschwendung in all ihren Facetten anzuheizen, zerstört nicht nur Lebensgrundlagen vor Ort. Es verursacht auch gigantischen CO_2-Ausstoß und vernichtet, wie im Fall der Regenwaldzerstörung, auch noch extrem wichtige CO_2-Speicher für die Zukunft. Es macht ganze Regionen unbewohnbar, erzeugt Verteilungskonflikte, zwingt Menschen, ihre Heimat zu verlassen. Es ist Ausdruck einer gigantischen globalen Misswirtschaft und rücksichtsloser Ausbeutung von Mensch und Natur in ärmeren Regionen durch die privilegierten, reicheren Gesellschaften der westlichen Industriestaaten. Und es dient nicht einmal, wenn man die Verschwendung abzieht, dem Erhalt oder gar der Vergrößerung unseres sogenannten Wohlstands – in Wirklichkeit droht es ihn zu zerstören!

Verantwortung übernehmen

Es war mir immer extrem wichtig gewesen, meinen Teil der Verantwortung zu übernehmen. Das, was ich persönlich tun kann, ernst zu nehmen, aber deswegen nicht zu glauben, ich könnte auf der Stelle die ganze Welt umkrempeln. Vielleicht war der Grund dafür, dass ich in all den Jahren noch nie wirklich frustriert war oder aufgeben wollte, dass ich immer nur den Teil der Verantwortung übernommen habe, den ich mir als einzelner Mensch auch zutraute und zumuten konnte: Nicht mehr, aber auch nicht weniger!

Durch die bisher ehrenamtliche politische Tätigkeit hatte ich bereits ausreichend Einblicke bekommen, um mir darüber klar zu sein, dass ein Job in der Politik nicht leicht mit unseren Ansprüchen an ein harmonisches Familienleben und Füreinander-Zeit-Haben vereinbar waren. Noch dazu, wo ich meinen Beruf als Physiotherapeutin nicht aufgeben wollte. Andererseits hatte ich selbst immer wieder das Gefühl, noch mehr beitragen zu können. Hatte ich damit nicht auch irgendwie die Pflicht, es zu versuchen?

Am Ende war es das Meer, das mich überzeugte. Im Sommer 2014 fuhren wir wieder nach Murter. Es war das erste Mal seit vielen Jahren, dass wir mit dem alten Ford Transit von Peters

Eltern unterwegs waren. Peter hatte diesen Wagen, schon bevor wir uns kennengelernt hatten, von seinen Eltern übernommen. Es war ein Benziner, Baujahr 1980, den Peters Eltern damals zum Wohnmobil hatten umbauen lassen. Peter war mit seinen Eltern und seinem Bruder damals einige Jahre hintereinander vor allem in Skandinavien unterwegs gewesen, danach wurde er nicht mehr allzu viel gefahren. Es war ein echtes Schmuckstück, mit Vorhängen, die Peters Mutter selbst genäht hatte, vielen alten Fotos von den Reisen nach Skandinavien und vielen weiteren liebevollen Details. So hatte der Wagen viele Jahre lang unbenutzt in unserem Stall gestanden, doch als in diesem Jahr klar wurde, dass nur Leonard von Anfang mit uns in den Urlaub fahren und Samuel und Marlene erst später mit Freunden nachkommen würden, drängte ich Peter, den Ford wieder fahrtauglich zu machen. Ich liebte dieses Fahrzeug, seit ich zum ersten Mal drin übernachtet hatte.

Und so machten wir uns gegen Ende August 2014 erstmals nur zu dritt wieder auf den Weg nach Murter. Ich wusste, dass ich spätestens nach diesem Urlaub eine Entscheidung treffen musste, denn im November 2014 würde die Liste der Grünen für die nächste Landtagswahl gewählt werden, und sofern ich kandidieren wollte, musste ich bald nach dem Urlaub eine Bewerbung abgeben. Wie meistens in meinem Leben, wenn eine gravierende Entscheidung anstand, war ich ziemlich hin- und hergerissen und musste andauernd über Vor- und Nachteile der unterschiedlichen Möglichkeiten nachdenken.

Zu Beginn dieses Urlaubs drängte ich all diese Gedanken und Gefühle weg, so gut ich konnte. Schon die Fahrt war wunderbar, weil wir mit dem alten Ford Transit einfach viel langsamer fahren mussten und alles so richtig gemütlich ablief. Obwohl wir nun schon zum dritten Mal hier waren, kam mir die Schönheit dieses Ortes immer noch unwirklich vor. Wir hatten noch dazu das Glück, dass gerade ein traumhaft schöner Platz auf dem Campingplatz frei geworden war, der auf der einen Seite von Pinien umgeben war und von dem aus wir nach Osten direkten Blick aufs Meer hatten. Wir bauten auch noch das originale Vorzelt für den Bus auf, das noch fast ungebraucht war. Dort sollte Leonard schlafen, der hocherfreut über diesen exklusiven Schlafplatz war. Wir hatten noch mal deutlich weniger Dinge eingepackt als in den Jahren zuvor, und dadurch war alles so ungewohnt überschaubar. Samuel und Marlene würden ihr Gepäck selbst mitbringen, und wir hatten für sie nur die Schnorchelsachen und Flossen mitgenommen. Als dann alles dort war, wo es hingehörte, und wir vor unserem Bus im Schatten saßen und aufs Meer schauten, war das ein Moment unbeschreiblicher Zufriedenheit. Ich kannte das in dieser Form nur am Meer oder auf den Bergen. Zufriedenheit, Ruhe, kein Bedürfnis nach irgendetwas, nur da sein und staunen.

Ich genoss in den ersten Tagen nicht nur das Meer und die Sonne, sondern vor allem auch die Einfachheit und Überschaubarkeit unseres Urlaubsalltags. Wir taten nichts Besonderes, wir mussten außer dem üblichen Obst, Gemüse und ein wenig Gebäck am Campingplatz nichts einkaufen. Es ging uns nichts ab, wir brauchten nicht mehr. Es war so schön, dass ich vor lauter Genuss nicht einmal zum Lesen Lust hatte. Als dann nach fünf Tagen Samuel und Marlene mit Freunden nachkamen, war ich schon ziemlich erholt und genoss es, dass wieder die ganze Familie zusammen war. Marlene kam direkt von einem internationalen Camp der WWF-Jugend-Gruppe »Youth taking action for the earth« und war total inspiriert. Sie hatte dort auf Englisch einen Workshop über Plastikmüllvermeidung und unser Experiment gehalten und berichtete ganz stolz, wie gut alles geklappt hatte und dass sie lauter positive Rückmeldungen erhalten hatte. Am Ende ihrer Erzählung blinzelte sie zu mir herüber und fragte: »Und was glaubst du, was ich ganz am Schluss gesagt habe?«

»Keine Ahnung, woher soll ich das wissen? Was denn?«

»Dass ich total froh bin, Eltern zu haben, die mir so eine Erfahrung ermöglicht haben und mir gezeigt haben, dass man im Leben ganz viel schaffen und verändern kann, wenn man es wirklich will!«, sie grinste mich an, während mir fast die Tränen in die Augen schossen.

Marlene bemerkte meine Rührung nach ihrem Bericht natürlich sofort und wohl auch, dass ich immer noch um eine Entscheidung rang, und sagte einfach gerade heraus: »Ich finde, du solltest das machen! Du machst das sicher sehr gut, und du weißt wenigstens, wovon du redest!« Das war natürlich eine unglaublich charmante Entscheidungshilfe. Doch ganz reif war sie noch nicht. Dafür brauchte es noch ein paar Tage.

Unsere gemeinsame Zeit war geprägt von kleineren Ausflügen mit dem Ruderboot zu einer der nahe gelegenen kleinen Inseln oder Buchten und kurzen Ausflügen mit dem Fahrrad in eines der kleinen Städtchen der Insel zum Einkaufen oder Essen. Für mich hatte es eine besondere Qualität, dass wir den ganzen Urlaub über nicht mit dem Auto fahren mussten, sondern alles zu Fuß oder per Fahrrad erreichten. Die meiste Zeit verbrachten wir ohnehin an der Küste und zumindest die Kinder nach wie vor großteils im und unter Wasser. Ich selbst war ja nie eine ambitionierte Taucherin, aber zumindest das Schnorcheln entlang der Küste faszinierte mich unglaublich.

Zwei Tage vor dem Ende unseres Urlaubs hatte es tagsüber ein Gewitter gegeben, und es war ziemlich starker Wind aufgekommen. Das Meer sah durch die hohen Wellen ganz anders aus, irgendwie grau-bleiern und überall weiße Schaumkronen, Himmel und Wasser erschien in einen zauberhaften stahlgraublauen Ton getaucht. Gegen Abend hörte es auf zu regnen, und ich ging ein Stück die Küste entlang, um mich schließlich an einem Felsen kurz vor der nächsten Bucht niederzusetzen. Ich hatte das Bedürfnis, alleine zu sein, was selten vorkam. Nun aber spürte ich, dass ich keine weiteren Gespräche mehr brauchte. Ich hatte in den letzten Monaten unzählige geführt.

Ich sah auf das Meer und empfand auf einmal sehr stark, wie sehr all diese Schönheit bedroht war. Ich hatte in den letzten Jahren so viele Menschen kennengelernt, die sich wie ich um unsere Lebensgrundlagen sorgten, die die Klimakrise, die Plastikvermüllung der Meere und Strände, die Zerstörung von Urwäldern und das Artensterben auch zunehmend als Bedrohung für sich und ihre Kinder wahrnehmen. Wir alle wussten, dass diese Bedrohung real war und dass vor allem in Hinblick auf die Klimakrise nicht mehr viel Zeit blieb, das Ruder herumzureißen. Aber was war mit jenen, die eigentlich schon aufgegeben hatten? Die bei jedem Gespräch über Klimakrise und mögliche Lösungen anfingen über China, Indien, Amerika zu sprechen und darüber, dass es sowieso sinnlos sei, wenn »nur wir« etwas ändern würden? Vielleicht war es ja ähnlich wie bei denen, die Plastikverweigerung für sinnlos erklärten, weil »es nicht hundertprozentig möglich ist« oder »weil es so viele gibt, denen das alles egal ist«, einfach nur eine Ausrede? Doch durften wir uns in der privilegierten Situation, in der wir uns befanden, wirklich auf so eine bequeme Haltung zurückziehen, nur, weil die Mehrheit noch nicht überzeugt war? Nur, weil es ein wenig anstrengend werden konnte?

Ich sah meinen Vater vor mir, der 1994 mit nur 48 Jahren ganz plötzlich und unerwartet gestorben war. Während unseres ersten Urlaubs am Meer hatte er einen tieforangen Seestern aus dem Meer aufgetaucht und ihn meiner Schwester und mir ganz vorsichtig gezeigt. Er erklärte uns, wie er sich fortbewegte und Nahrung aufnahm, um ihn dann wieder ganz behutsam ins Meer zurückzusetzen.

In diesem Moment riss die Wolkendecke auf, und die bereits sehr tief stehende Sonne kam zum ersten Mal an diesem Tag zum Vorschein. Ich hatte meinen Vater in meinem Erwachsenenleben schon oft sehr vermisst, doch in diesem Moment sehnte ich mich unendlich danach, noch einmal mit ihm über alles reden zu können. Was würde er wohl sagen, welchen Rat würde er mir geben? Würde er es mir zutrauen? Würde er mich unterstützen? Oder würde er dafür plädieren, dieses wunderschöne Leben, das ich habe, einfach zu genießen und mir nicht ständig über Gott und die Welt Gedanken zu machen, mich nicht für alles so verantwortlich zu fühlen? Würde er sich Sorgen machen, oder wäre er stolz und zuversichtlich? Selten habe ich meinen Vater so sehr vermisst wie in diesem Moment. Doch während die Sonne immer weiter hervorkam und die Wolken rundherum in ein schier unglaubliches rot-rosa-oranges Farbenspiel verwandelte, war er auf einmal ganz nah bei mir. Es war, als würde jemand seine Hand auf meine Schulter legen und mir gut zureden. Das Gefühl war so stark, dass ich kurz versucht war, mich umzudrehen, um zu schauen, ob jemand da war, doch ich wollte den Moment nicht zerstören und blieb reglos sitzen. Die Wellen schlugen kraftvoll an die Felsen unter meinen Füßen, und eine leichte, salzige Briese wehte mir ins Gesicht. Ich war wie verzaubert und bemerkte, dass mir Tränen übers Gesicht rannen.

Warum hatte ich nur so lange gezaudert? Es war doch alles klar – ich hatte die Entscheidung längst getroffen. Doch es hatte wohl noch diese Bestärkung gebraucht, um mir endlich wirklich darüber klar zu werden. Ich blieb noch lange sitzen und wurde immer ruhiger. Es fühlte sich gut an. Ich wusste, es würde nicht einfach werden. Aber ich spürte, dass ich es mir selbst und dem Meer schuldig war, es zu versuchen.

Natürlich stellte ich mir auch nach meiner Entscheidung am Meer immer wieder noch mal die Frage, warum gerade ich mich dazu berufen fühlte, mich direkt im politischen Umfeld zu engagieren. Doch ich kam immer wieder auf ähnliche Antworten. Ich wollte, dass sich mehr Menschen, die ähnlich tickten und dachten wie ich, politisch engagierten. Die mitten aus dem Leben und aus ihren Überzeugung heraus die Welt, in der unsere Kinder leben würden, mitgestalten wollten. Denn ich war schon lange der Überzeugung, dass nur so die Politik sich ändern und notwendige Veränderungen passieren würden – wenn sich solche Menschen auch etwas zutrauten und zur Wahl stellten. Ich wollte allen Menschen, aber speziell auch vielen anderen Frauen und jungen Leuten Mut machen, die ich in den letzten Jahren kennengelernt hatte, die sich um einen nachhaltigen Lebensstil bemühten, die sich aber auch große Sorgen um unsere Zukunft machten, weil in der Politik, viele notwendige Schritte bis jetzt nicht passiert waren. Obwohl alle wussten, dass wir für die Bewältigung der Klimakrise nicht

mehr viel Zeit hatten. Obwohl die Zerstörung unserer Lebensgrundlagen durch die ungebremste Verschwendung und ein
Wirtschaftssystem, das in weiten Zügen genau darauf aufbaute, immer sichtbarer wurde. Und ich hatte wie so oft eben
einfach das Gefühl: Wenn ich all diese wichtigen Entscheidungen und Schritte nicht denjenigen überlassen will, die das bis
jetzt nicht zu meiner Zufriedenheit getan haben, und wenn ich
selbst denke, dass ich was beitragen kann, damit es besser wird,
dann werde ich es wohl auch tun müssen. So einfach war es
dann im Prinzip auch wieder.

Danach ging alles sehr schnell. Nachdem ich mich entschieden hatte, für die Landtagswahl 2015 zu kandidieren, gab ich
bald nach unserem Urlaub eine Bewerbung ab und wurde im
November 2014 zur Spitzenkandidatin der Grünen in meinem
Wahlkreis gewählt und wurde nach einer erfolgreichen Wahl
mit Juni 2015 als Abgeordnete des steirischen Landtags an-
gelobt. Meine Familie war da, und alles war sehr feierlich und
gleichzeitig auch irgendwie unwirklich. Es war nie mein erklärtes oder auch nur erwünschtes Ziel gewesen, Politikerin zu
werden. Doch irgendwie war die Zeit dafür reif geworden. Und
es war schon ein sehr erhebender Moment, denn ich hatte
eigentlich nichts anderes gemacht, als mich für meine Überzeugung zu engagieren und etwas zu versuchen, was viele vorher
als unmöglich erklärt hatten.

Nun stand ich hier im alten Gemäuer des steirischen Landtags und hatte die Chance, meine Überzeugungen dort einzubringen, mich für das stark zu machen, was mich mein ganzes
Leben lang am meisten bewegt und beschäftigt hatte: Die Erhaltung unserer Lebensgrundlagen als Basis eines guten Lebens
für alle Menschen – auch in Zukunft.

Die ersten Monate waren extrem spannend und auch sehr herausfordernd, denn ich trat mit viel Energie und Enthusiasmus an, stieß aber nicht nur auf Gegenliebe, sondern vielfach auf Desinteresse und Unverständnis. Bald schon verspürte ich ein bisschen Frust. Der gesamte parlamentarische Ablauf und die Möglichkeiten dort Initiativen zu setzen und Themen einzubringen, hatten für mich zwar etwas seltsam Ritualhaftes und liefen für meinen Geschmack ziemlich langsam und träge ab, doch immerhin bot mir das auch die Möglichkeit, mich in Ruhe einzuarbeiten und mich mit vielen Inhalten intensiv auseinanderzusetzen. Als ich im Zuge dessen erstmals den Klimaschutzplan des Landes Steiermark las, war ich eigentlich sehr positiv überrascht. Da stand doch eigentlich so ziemlich alles drinnen, was man brauchte, sowohl in Hinblick auf die Beschreibung der Probleme als auch in Bezug auf das, was zu tun wäre. Da ging es um Gebäudedämmung, Verkehr, Landwirtschaft, Energiebereitstellung, Produktion, Landwirtschaft, Abfallwirtschaft und Lebensstil – und überall wurden durchaus treffend die Probleme aufgelistet und auch einige Maßnahmen genannt, die bereits dagegen ergriffen wurden, sowie weitere angekündigt. Am Ende des Berichts war dann aber auch zu lesen, dass mit den bisher beschlossenen Maßnahmen die notwendigen Treibhausgasreduktionsziele nicht zu erreichen seien. Das war insofern für mich nicht sehr verwunderlich, weil gerade da, wo am meisten Emissionen anfielen (nämlich im Verkehr) keine entsprechend deutlichen Schritte gesetzt wurden. Die Alternativen zum Autofahren waren ja weder in den Städten noch am Land entsprechend gut ausgebaut. Und das betraf sowohl den öffentlichen Verkehr als auch die Infrastruktur für den Rad- und Fußverkehr. Für viele Menschen, vor allem aus abgelegenen Regionen, waren neben dem schlechten Angebot auch noch die Ticketpreise viel zu hoch.

Doch auch beim Konsum und bei allen Bereichen, die ich für essenziell hielt, damit die Verschwendung von Ressourcen und damit die Treibhausgase weniger wurden, gab es so gut wie keine Strategien und schon gar keinen konkreten Plan, wie es hier künftig in eine nachhaltigere Richtung gehen sollte. In diesem Zusammenhang wurde mir auch erstmals bewusst, dass die Emissionen, die durch unseren Konsum entstanden, bei Weitem höher waren als das, was in unseren Klimaschutzberichten stand. Was nämlich in Österreich konsumiert, aber nicht in Österreich produziert, sondern importiert wurde, rechnete man einfach nicht Österreichs Emissionsbilanz dazu. In China produzierte Handys, Elektronik und Kinderspielzeug, Rindfleisch aus Argentinien, Billigkleidung aus Bangladesch und Indien – das alles wurde also den Ländern angerechnet, in denen es produziert wurde. Dass wir in Europa diese Dinge in rauen Mengen konsumierten, spielte offenbar für die Berechnung der Emissionen auf dem Papier nicht die geringste Rolle. Lediglich beim Kapitel »Klimastil« wurde im Klimaschutzbericht in ein paar Worten darauf hingewiesen, dass auch der Konsum eine gewisse Rolle spielte. Mit keinem Wort ging man aber darauf ein, dass die Emissionen, die daraus entstanden, zu einem großen Teil gar nicht uns zugerechnet wurden. Bei genauerer Recherche stellte ich fest, dass die Emissionen in Österreich wohl fast um ein Drittel höher wären, wenn man sie auf Basis des tatsächlichen Konsums (also auf Basis dessen, was wir wirklich verbrauchten) berechnete, doch das schien niemanden zu interessieren. Genauso wenig war offenbar unsere Nutzung des Flugverkehrs in irgendeiner Weise relevant für die Berechnung unserer Treibhausgas-Emissionen. Und die Tatsache, dass Kerosin (Flugbenzin) zu allem Überfluss auch noch von der Steuer befreit ist (überall in der EU übrigens, außer in den Niederlanden), wurde mir auch erst im Laufe dieser ersten Recherchen bewusst. In Summe war der Bericht also wohl eine Zusammenfassung eines *Teils* der Realität, bildete aber das tatsächliche Ausmaß des Problems gar nicht ab und zeigte nicht einmal für das Problem Lösungen auf, das direkt angesprochen wurde: dass nämlich die bisherigen Maßnahmen schlicht und einfach nicht ausreichen würden.

Bei den Reden, die im Landtag zum Klimaschutzbericht gehalten wurden, war das alles allerdings kein Thema, und wenn ich versuchte, meine Sicht der Dinge zu erklären oder auf die politischen Maßnahmen zu sprechen kam, die aus meiner Sicht notwendig waren, um Einsparung und die Abkehr von Verschwendung in allen Lebensbereichen zu forcieren, erntete ich anfangs primär Unverständnis oder Desinteresse. Wenn ich sogenannte »kleine Schritte« vorschlug, wie zum Beispiel die aktive Unterstützung der Einführung von Mehrwegpfandbechern für »Coffee to go« (was im Übrigen alleine in einer Stadt wie Graz täglich unfassbare Müllmengen erzeugt), wurde das als kaum relevant und zu unbedeutend abgetan. Immerhin kamen aber Leute, die sich bisher wohl kaum Gedanken darüber gemacht hatten darauf, dass es eventuell sowieso gescheiter wäre, den Kaffee in Ruhe sitzend aus einer Tasse zu trinken. Das war zwar durchaus richtig und entsprach auch meiner grundsätzlichen Haltung, doch diese Erkenntnis alleine löste das Problem leider noch lange nicht. Wenn ich beantragte, dass alle Computer, die im Landtag alle drei Jahre ausgetauscht werden, auch tatsächlich einer Wiederverwendung zugeführt werden, anstatt einen Großteil davon zu verschrotten, wurden Gründe vorgeschoben, um den bisherigen Ablauf nicht verändern zu müssen. Das hat zur Folge, dass weiterhin ein Großteil der noch funktionierenden Geräte, die sogar dem Land selbst gehörten, einfach weggeworfen wurden. Wenn es um »große Schritte« wie die Einführung eines allgemeinen Getränkepfandsystems oder eine ökologische *und* soziale Steuerreform ging, wofür sich die Landesregierung bei der Bundesregierung einsetzen sollte, wurde das abgelehnt, obwohl bei anderen Gelegenheiten betont wurde, wie wichtig das sei, um zum Beispiel die Klimaziele auf sozial verträgliche Art erreichen zu können. Es hatte schon teilweise etwas Groteskes an sich, schon zu Beginn einer Initiative zu wissen, dass diese wohl sicher abgelehnt werden würde, doch ich hatte mir von Anfang an fest vorgenommen, mich davon nicht unterkriegen zu lassen. Schließlich hatte ich die unfassbar wertvolle Gelegenheit bekommen, all diese Dinge immerhin zum politischen Thema machen zu können, und ich hatte nach meiner immerhin fünfjährigen Erfahrung im Gemeinderat ja auch schon durchaus Erfahrung damit, dass in der Politik so gut wie nie etwas beim ersten Mal ganz einfach durchging. Es war mir klar, dass Hartnäckigkeit eine der wichtigsten Eigenschaften war, die man brauchte, wenn einem etwas wichtig war. Egal wo, aber in der Politik besonders. Und davon hatte ich zum Glück genug. Außerdem kannte ich viele Ausreden und Ausweichmechanismen, die mir im Landtag begegneten, durchaus auch schon aus zahlreichen Begegnungen der letzten Jahre. In meinen Vorträgen oder auch bei sonstigen Gesprächen über Plastikmüllvermeidung hatte ich ja neben all den engagierten Menschen doch auch immer wieder Leute kennengelernt, die mir erklärten, dass das, was sie tun könnten, ohnehin viel zu wenig wäre, um etwas an dem Problem zu ändern. Dass es sowieso keinen Sinn hätte, weil es eh nicht hundertprozentig funktionierte, dass andere viel mehr Plastikmüll produzierten, dass jemand anderer das Problem lösen müsse (»die Politik«, »die Wirtschaft« etc.) oder jemand anderer schuld an allem sei (»Trump«, »China« und so weiter). Die Ausreden in der Politik und im sonstigen Leben waren sich also durchaus ähnlich, was ja auch nicht weiter verwunderlich war. Grundlegende Veränderungen fallen Menschen nun mal schwer, vor allem, wenn sie nicht mit konkreten positiven Bildern und guten Alternativen zum Ist- Zustand verbunden sind und gegen erhebliche Widerstände durchgesetzt werden müssen. Gerade deshalb war ich auch so froh, dass ich so viele positive Beispiele und konkrete Ideen einbringen konnte, die schon jetzt umgesetzt wurden. Von so vielen Initiativen und Menschen berichten konnte, die schon jetzt und trotz teilweise noch widriger Rahmenbedingungen mögliche Zukunftsperspektiven in die Realität umsetzten. Ich nützte sozusagen jede Gelegenheit, um diese »gelebten Veränderungen« in die Landtagsdebatten einzubringen und damit sichtbar zu machen, dass diese Veränderung möglich ist. Andererseits waren die Veränderungen, die schon sichtbar wurden, und der Kontakt mit Menschen, NGOs oder Initiativen, die sich dafür einsetzten, auch eine ganz wichtige Motivationsquelle für mich und halfen mir, den doch oft recht frustrierenden Politikalltag gut zu bewältigen.

Was zählt, ist das, was wirklich passiert

Nicht einmal ein Dreivierteljahr nach dem Beginn meiner Tätigkeit im steirischen Landtag gab es eine für mich höchsterfreuliche Geschäftseröffnung in Graz. Sarah, dich ich schon vor Jahren als Studentin kennengelernt hatte, und ihre Kollegin Verena eröffneten den ersten verpackungsfreien Laden in Graz. Sarah hatte die Idee, von der sie mir damals schon erzählt hatte, immer weiterverfolgt, obwohl sie anfangs auf alle möglichen Widerstände gestoßen war und es sich nicht ganz einfach gestaltete, die Idee umzusetzen. Nachdem sie in Verena schließlich eine Mitstreiterin gefunden hatte, schafften sie es gemeinsam, ihren Traum zur Wirklichkeit zu machen. Mithilfe eines Crowdfundings konnten sie die ersten Produkte, Lebensmittelspender und Einrichtung für das neue Geschäft anschaffen. Dafür gab es für alle, die sich beteiligten, Einkaufsgutscheine für den neuen Laden mit dem Namen »Das Gramm«. Ich hatte mich natürlich auch an dem Crowdfunding beteiligt, und als ich dann erstmals im kleinen, aber feinen Geschäft einkaufte, war ich wirklich gerührt. Alles, was ich vor nun gut sechs Jahren teilweise wochenlang intensiv gesucht hatte, gab es hier nun völlig selbstverständlich verpackungsfrei zu kaufen: Holzzahnbürsten, Backpulver, Birkenzucker, Natron, Waschsoda, Cornflakes, Knuspermüsli, Dinkelnudeln, Trockenobst, alle möglichen Getreidesorten und vieles mehr. Und all das konnte man Gramm für Gramm in selbst mitgebrachte Behälter oder Sackerln füllen und immer genau so viel kaufen, wie man brauchte. Keine vorgegebenen Verpackungsgrößen, sondern individuelle Mengenwahl – auch das war für mich ein wichtiger Beitrag zur Vorbeugung von Lebensmittelverschwendung.

Und auch eine zweite Eröffnung war in diesem Zusammenhang für mich besonders erfreulich. Nach anfänglichen Widerständen gelang es uns, auch den Gemeinderat von Gratwein endlich von der Idee eines Kostnixladens zu überzeugen. Unsere jahrelangen erfolgreichen Kleidertauschmärkte hatten das Ihre dazu beigetragen, die Idee sichtbar zu machen. Und durch den Einsatz einer Bürgerbeteiligungsgruppe aus engagierten Bürgerinnen und Bürgern wurde die Forderung schließlich endlich entsprechend ernst genommen und umgesetzt. Es war ein wunderbares Gefühl für mich, als ich schließlich bei der feierlichen Eröffnung des Kostnixladens in Gratwein dabei sein und direkt miterleben konnte, wie sich das jahrelange Dranbleiben an einem Thema schließlich doch gelohnt hatte. Der Kostnixladen wurde von Beginn an sehr gut angenommen. Es gibt natürlich gewisse Regeln, die verhindern sollen, dass einzelne Menschen sehr große Mengen an Dingen auf einmal mitnehmen. So wurde zum Beispiel festgelegt, dass man bei einem Besuch nur maximal fünf Stücke mitnehmen durfte. Bei Kleidung wurde diese Regel allerdings bald wieder aufgehoben, da dermaßen viel davon hereinkam, dass alle ehrenamtlichen Helferinnen froh waren, wenn auch möglichst viel wieder mitgenommen wurde.

Vieles, was dort abgegeben wird, ist auch buchstäblich neu, und es hängen teilweise sogar noch die Preiszettel dran. Manche Dinge, die abgegeben werden, müssen aber natürlich auch aussortiert werden, weil sie schmutzig oder schon sehr abgetragen sind. Der gesamte Bestand muss in regelmäßigen Abständen vom Team des Kostnixladens durchsortiert und wieder weitergegeben oder teilweise doch entsorgt werden. Dabei hat Kleidung den allergrößten Anteil. Bei den anderen Dingen, die weitergegeben werden, wie Geschirr, kleinere Gebrauchsgegenstände, Spielzeug und Bücher, kommt bei Weitem nicht so viel zusammen. Der Überfluss und die Verschwendung nehmen also auch im Kostnixladen kein Ende. Er verlängert aber immerhin den Lebenszyklus mancher Kleidungsstücke und sonstiger Gebrauchsgegenstände, ist eine gute Möglichkeit für alle, die kein Geld für Kleidung ausgeben können oder wollen, und verhindert womöglich den einen oder anderen überflüssigen Neukauf. Ich selbst finde im Kostnixladen vor allem immer wieder wunderschöne, eher elegantere Stücke, die ich mir normalerweise nicht kaufen würde, aber für Landtagstermine doch hin und wieder ganz gut brauchen kann. Der Kostnixladen ist für mich ein weiteres wichtiges Zeichen von sichtbarer Veränderung. Man kann es zwar durchaus kritisch sehen, dass die Verschwendung auf diese Art und Weise nur verzögert wird, doch auf der anderen Seite macht er auch sichtbar, dass Menschen eigentlich nichts wegwerfen wollen, was noch brauchbar ist. Das Verschwendung eigentlich nichts ist, was die Menschen wollen oder was gar zu ihrem Wohlstand beiträgt. Im Moment war ich davon überzeugt, dass das Sichtbarmachen des Überflusses und die zumindest teilweise kostenlose Weitergabe von Gebrauchsgütern und Kleidung für die Bewusstseinsbildung und Diskussionen über den Überfluss einen großen Mehrwert hatte. Daher versuchte ich auch auf Landeseben einen Vorstoß und forderte die Erarbeitung einer echten »Re-Use-Strategie« des Landes Steiermark, die das Weitergeben von noch gebrauchsfähigen Gütern im gesamten Landesgebiet erleichtern und verbessern sollte. Das wurde zwar primär abgelehnt, doch immerhin wurde bei der Erarbeitung eines neuen Konzepts für Abfallsammelzentren die Idee einer Re-Use-Ecke zumindest als Möglichkeit vorgesehen.

Natürlich wurden durch diese Geschäfte noch lange nicht alle Probleme in diesem Bereich gelöst. Aber es war ein Anfang, denn nicht nur wurde hier die Veränderung sichtbar, um die es mir ging, es war auch wieder einmal ein wunderbares Symbol für die Wirksamkeit des eigenen Handelns, positiver Visionen, Hartnäckigkeit und für die Kraft, die entsteht, wenn man nicht alleine ist, sondern auch andere für seine Idee gewinnen kann.

Daran will ich weiterarbeiten, und dazu will ich gemeinsam mit vielen anderen noch viel mehr Menschen motivieren. Denn egal ob im eigenen Alltag, bei der Arbeit in Vereinen, in NGOs oder in der Politik: Wir können überall Kraft für Veränderung entwickeln und die Überzeugung stärken, dass eine lebenswerte Zukunft und Wohlstand ohne Verschwendung möglich sind.

Nachwort

Dieses Buch ist nicht nur kein Ratgeber, es erhebt auch keinen Anspruch auf Vollständigkeit. Es hätte noch unzählige Bereiche gegeben, über die man im Zusammenhang mit Verschwendung hätte schreiben können. Kreuzschifffahrten zum Beispiel oder der gesamte Bereich der Bauwirtschaft, wo unglaubliche Mengen an Müll anfallen und bis jetzt nur minimale Anteile wiederverwertet werden. Aber ich wollte ganz bewusst nur über Dinge schreiben, zu denen ich einen direkten persönlichen Bezug und eigene Erfahrungen im Alltag habe und von denen ich annehme, dass die meisten Menschen teilweise damit in Berührung kommen. Für mich ist das entscheidend, weil ich denke, dass Menschen nur dann bereit sind, sich zu engagieren, wenn sie zu einem Thema auch einen persönlichen Bezug herstellen können. Wir selbst haben etliches mehr erlebt und ausprobiert, mir sind noch viele weitere Erfahrungen anderer zugetragen worden. All das jedoch auch aufzunehmen hätte den Rahmen dieses Buches gesprengt.

Danke!

An alle, die direkt oder indirekt an diesem Buch beteiligt waren:

Sarah, Maria, Evelyn, Merle, Sepp für ihre Beiträge zum Buch.

Meinen Eltern für alles, was sie mir mitgegeben haben.

Meinen Freundinnen und Freunden für ihre Geduld, Verständnis und Unterstützung über all die Jahre.

Meinen Kindern, dafür, dass ich so viel mit ihnen und durch sie lernen durfte.

Meinem Mann Peter für einfach alles!

Glossar: Begriffsdefinition in alphabetischer Reihenfolge

Bioplastik

(Biokunststoff) Bezeichnung für Kunststoffe, die entweder gänzlich oder zum Teil aus nachwachsenden Rohstoffen hergestellt oder biologisch abbaubar sind. Die Bezeichnung »Bio« ist in diesem Zusammenhang irreführend, da die Rohstoffe nicht unbedingt aus biologischer Landwirtschaft stammen müssen.

Eine einheitliche Definition für Bioplastik fehlt bislang. So unterschiedlich die dafür verwendeten Materialien sind (häufig Mais oder Zuckerrohr, aber auch Algen oder Holzfasern), so sehr variiert auch je nach Material deren tatsächliche Umweltverträglichkeit. Auch die Angabe »biologisch abbaubar« ist ein eher theoretisches Versprechen: Da die Abbaubarkeit nur unter speziellen Rahmenbedingungen optimal gelingt, ist Biokunststoff weder für den privaten Gartenkompost noch für die meisten industriellen Kompostieranlagen geeignet, weshalb die Entsorgung von Bioplastik in Österreich über den Gelben Sack / die Gelbe Tonne erfolgt. In Deutschland dagegen sollte Bioplastik über den Hausmüll entsorgt werden, weil dafür keine Sortierungs- und Recyclingprozesse existieren.

Cradle to Cradle®

(Deutsch: von Wiege zu Wiege) Das Cradle-to-Cradle-Konzept beschreibt die Möglichkeit einer potenziell unendlichen ➤ *Kreislaufwirtschaft*. Es wurde in den 1990er-Jahren vom deutschen Chemiker Michael Braungart und dem US-amerikanischen Architekten William McDonough entwickelt.

Cradle to Cradle ist ein Konzept zum Produktionsdesign, das zwischen biologischen und technischen Kreisläufen unterscheidet: Während in einem biologischen Kreislauf die Produkte nach ihrer Verwendung wieder kompostiert werden, woraus wiederum neue Gebrauchsgüter entstehen können, werden bei einem technischen Kreislauf bereits bei Produktdesign und -herstellung die weiteren Nutzungsphasen eingeplant, sodass ein Gebrauchsgegenstand nach seiner Verwendung im Idealfall vollständig wiederverwertet werden kann.

Dumpstern / Lebensmittel retten

(Auch: Mülltauchen, Containern) Mitnahme weggeworfener Lebensmittel aus Abfallcontainern. Große Supermarktketten entsorgen täglich mehrere Tonnen Lebensmittel, deren ➤ *Mindesthaltbarkeitsdatum* bereits überschritten ist oder die äußerlich leichte Beschädigungen (z. B. Druckstellen) aufweisen, jedoch weiterhin noch zum Verzehr geeignet wären. Dumpstern ist vor allem in größeren Städten ein anhaltender Trend, um einerseits Geld zu sparen, andererseits aber auch ein Zeichen gegen die herrschende Lebensmittelverschwendung zu setzen, denn immerhin landen laut *Ökologie Institut* österreichweit jährlich 760 000 Tonnen Lebensmittel im Müll.

Obwohl nicht explizit verboten, stellt Dumpstern eine rechtliche Grauzone dar.

https://www.1000things.at/blog/dumpstern-reportage/

Elektronik (Handys, Computer etc.)

In einer zunehmend digitalisierten Welt spielen elektronische Geräte eine immer größere Rolle. Ständig neue, leistungsstärkere Produkte führen dazu, dass auch intakte Geräte bereits frühzeitig ausgetauscht werden. Dabei ist oftmals gerade die Herstellung die kohlenstoffintensivste Phase: Ein Smartphone hat über seinen gesamten Lebenszyklus eine durchschnittliche CO_2-Bilanz von ca. 47 kg (ohne Netzwerk- und Internetnutzung). Davon verursacht allein die Produktion einen fünf bis zehn Mal so hohen Energieverbrauch und CO_2-Ausstoß wie seine Nutzung.

Ähnlich ist es bei Notebooks: Laut Freiburger Öko-Institut produziert ein Laptop bei einer Nutzungsdauer von fünf Jahren rund 138 kg CO_2, wovon knapp zwei Drittel auf die Herstellung des Gerätes entfallen.

EU-Ökodesignrichtlinie

Die Richtlinie 2009/125/EG legt gemeinsame Standards für die umweltfreundliche Gestaltung von Produkten in Bezug auf den Verbrauch von natürlichen Ressourcen und Energie in deren Herstellung und Nutzung im gemeinsamen Binnenmarkt der Europäischen Union fest.

Ziel der Richtlinie ist es, die Umweltverträglichkeit sogenannter »energieverbrauchsrelevanter Produkte«, wie Elektrogeräte oder Gegenstände, die den Verbrauch von Energie direkt oder indirekt beeinflussen (also auch Dämmstoffe, Wasserhähne oder Autoreifen), über ihren gesamten Lebenszyklus zu verbessern.

Mit einer EU-weiten Regelung sollen Handelshemmnisse durch unterschiedliche nationale Gesetze verhindert werden.

EU-Plastikstrategie

Am 18. Januar 2018 wurde die EU-Plastikstrategie veröffentlicht, die einen weiteren Schritt in Richtung → *Kreislaufwirtschaft* darstellt. Als wesentliche Ziele beinhaltet sie die Recyclingfähigkeit aller Kunststoffverpackungen bis 2030, die Reduktion von Einwegplastikprodukten sowie eine Einschränkung in der Nutzung von Mikroplastik, um mitunter die fortschreitende Meeresverschmutzung durch Plastikmüll einzudämmen.

Als Teil der EU-Plastikstrategie wurde am 12. 06. 2019 die EU-Einwegkunststoffrichtlinie (RL 2019/904) veröffentlicht, die 2021 in Kraft tritt.

»Externalisierte Kosten«

Kosten, die von Produzenten verursacht, aber von der Gesamtgesellschaft getragen werden. Während Unternehmen als eigentliche Verursacher ihren Profit steigern, zahlt die Gesellschaft den Preis dafür. Dies ist die gängige Praxis im modernen Wirtschafts- und Finanzsystem. Die Zerstörung des Ökosystems bringt somit hohe Gewinne, während ein nachhaltiges Wirtschaften ohne Subventionen nicht konkurrenzfähig ist. Die Verantwortung für eine gerechte Kostenverteilung liegt in den Händen der Konsument/innen, die bereit sind, einen angemessenen Preis zu bezahlen. Auf politischer Ebene ist ein Kostenausgleich über eine entsprechende Besteuerung (Minderwertsteuer) möglich.

Buchtipp: Ulrich Brand und Markus Wissen, Imperiale Lebensweise: Zur Ausbeutung von Mensch und Natur in Zeiten des globalen Kapitalismus. oekom verlag, München 2017.

GeLaWi

(Abkürzung für gemeinschaftsgetragene Landwirtschaft). Kooperation von Landwirten und Konsument/innen (»Ernteteiler/innen«) mit gemeinschaftlicher Verantwortung für die landwirtschaftliche Produktion. Während die Landwirte ihren Beitrag durch Anbau und Ernte der Lebensmittel leisten, beteiligen sich die Mitglieder mit finanziellen Mitteln am gemeinsamen Ziel einer Stärkung der lokalen, nachhaltigen und klein strukturierten Landwirtschaft.

Kreislaufwirtschaft

Da die Verfügbarkeit natürlicher Ressourcen begrenzt ist, versucht das Modell der Kreislaufwirtschaft, den Lebenszyklus eines Produktes maximal zu verlängern und dadurch die Abfallmengen zu minimieren. So werden nach Ende der Lebensdauer des Produktes die Bestandteile als ➤ *Sekundärrohstoffe* weiterverwertet. Die Weichen für die zirkuläre Nutzungsmöglichkeit müssen dabei bereits vor der Produktion durch intelligentes Produktdesign gelegt werden (siehe *Cradle to Cradle*).

Mehrweg

Der Mehrweganteil ist in Österreich in den letzten 30 Jahren signifikant gesunken. Während er in den 1990ern noch bei rund 80 % lag, sank er bis 2011 auf 25 %. Dieser Wert hält sich aufgrund einer Selbstverpflichtung der Wirtschaft seither konstant.

2010 haben das österreichische Lebensministerium und die Sozialpartner das sogenannte Öko-Bonus-Modell erstellt, das eine verpflichtende Mehrwegquote vorsah. Durch Widerstand seitens der Wirtschaft und der Industrie konnte das Konzept nicht umgesetzt werden. In Deutschland liegt der Mehrweganteil bei 42 % und hat damit 2019 einen neuen Tiefstand erreicht. Der gesetzlich vorgegebene Prozentsatz liegt bei 70 %.

Bei Getränkeverpackungen haben Mehrwegflaschen die beste Ökobilanz. Mehrwegflaschen aus PET, die im Durchschnitt 20 Mal wiederbefüllbar sind, schneiden besonders gut ab. Durch ihr geringes Gewicht verbrauchen sie bei Transport und Logistik vergleichbar wenig Energie, bestehen jedoch aus einem fossilen Rohstoff.

Mehrwegflaschen aus Glas werden durchschnittlich 40 bis 50 Mal wiederbefüllt. Sie sind besonders in der Gastronomie für Säfte, Bier und Flaschenwasser sehr beliebt, da sie die beste Produktqualität garantieren.

Mindesthaltbarkeitsdatum

(Abgekürzt: MHD) Das EU-Recht sieht für Lebensmittel und kosmetische Produkte die Angabe eines Mindesthaltbarkeitsdatums vor. Bis zu diesem Datum garantiert der Hersteller, dass sein Produkt original verschlossen und bei sachgerechter Lagerung seine volle Qualität beibehält und kein gesundheitliches Risiko besteht.

Lebensmittel sind in den meisten Fällen auch nach Ablauf noch bedenkenlos verzehrbar. Es empfiehlt sich, dabei auf die eigenen Sinne zu vertrauen und das Produkt nach seinem Aussehen, Geruch und Geschmack zu bewerten.

Das MHD ist nicht zu verwechseln mit dem »Verfallsdatum«, ab dem ein Produkt die Gesundheit tatsächlich beeinträchtigen könnte und aus dem Verkauf genommen werden muss. Für besonders leicht verderbliche Lebensmittel gilt ein »Verbrauchsdatum«, nach dessen Ablauf die Produkte ebenfalls nicht mehr verkauft werden dürfen.

Offene Bücherregale

(Auch: »öffentliche Bücherschränke«) Kostenloses und formloses Angebot zur Entnahme oder zum Tausch gebrauchter Bücher. Meist sind es Privatpersonen, Vereine oder Stiftungen, die offene Bücherregale in Form von offenen Bücherschränken oder gar umfunktionierten aufgelassenen Telefonzellen oder alten Linienbussen betreiben. Dieses System des Büchertausches ist ein praktisches Beispiel für ➤ *ReUse* und erfreut sich in Österreich, Deutschland und der Schweiz zunehmender Beliebtheit.

PET-Einwegflaschen

PET-Flaschen sind je nach Beschaffenheit zur Einweg- oder Mehrwegverwendung geeignet. Sie bestehen aus dem Kunststoff Polyethylenterephthalat und punkten gegenüber der Glasflasche durch Bruchsicherheit und geringes Gewicht. Aktuelle Studien zeigen allerdings, dass PET-Mikropartikel von der Flasche an das Getränk abgegeben werden können und somit in unsere Nahrungskette gelangen. PET steht außerdem im Verdacht, hormonell wirksame Substanzen zu beinhalten.

PET-Flaschen sind besonders gut recyclebar, weshalb sie nicht über den Restmüll entsorgt werden sollten. Die aktuelle Sammelquote von PET-Einwegflaschen erreicht in Deutschland dank eines Pfandsystems 98 %. In Österreich werden derzeit 73 % pfandfrei gesammelt. Die EU-Einweg-Kunststoffrichtlinie sieht vor, dass 90 % der Kunststoff-Getränkeflaschen bis 2029 getrennt gesammelt werden.

Rund 22 % der in Österreich gesammelten PET-Flaschen werden allerdings in Müllverbrennungsanlagen thermisch verwertet und nur 58 % der verkauften Flaschen recycelt. Aus den PET-Einwegflaschen werden dabei oft Kunststofffasern hergestellt, womit ein weiteres Recycling nicht mehr möglich ist. Der Recyclinganteil bei neuen PET-Flaschen betrug 2014 nur rund 16 %.

Paris Lebensstil

Um das 1,5° C-Ziel des Pariser Abkommens zu erreichen, muss sich unser Lebensstil signifikant ändern. Eine wachsende gesellschaftliche Gruppe ist sich bewusst, dass das eigene Konsumverhalten und der individuelle Lebensstil das Klima beeinflussen. Sie streben einen »Low-Carbon-Lifestyle« an, der sich durch deutlich reduzierte Treibhausgas-Emissionen auszeichnet (> 80 % des westlichen Durchschnittsbürgers). Dadurch steigt auch die Nachfrage nach innovativen »Low-Carbon«-Produkten und klimafreundlichen Dienstleistungen.

Plastik-Debatte

Die Debatte darum, welche Rolle Plastik in den Bereichen Umweltverschmutzung und Klimawandel spielt, wird sehr kontrovers geführt. Konsumenten lehnen zunehmend Kunststoffe als Verpackungsmaterial ab und wünschen sich einen möglichst plastikreduzierten Lebensstil (siehe ➤ *Paris Lebensstil*). Im Herbst 2018 hat sich das niederösterreichische St. Valentin in einer einstimmig verabschiedeten Gemeinderesolution zur ersten »plastikfreien Gemeinde« erklärt, zahlreiche weitere Städte und Gemeinden folgten dem Beispiel.

Vor allem Wirtschaft und Industrie vertreten die Meinung, dass die Verwendung von Kunststoffen mit all ihren Vorteilen (Flexibilität, geringes Gewicht) keinesfalls eingeschränkt werden muss. Recycling könne in einer funktionierenden ➤ *Kreislaufwirtschaft* das Problem beheben. Tatsächlich fallen laut Umweltbundesamt österreichweit fast eine Million Tonnen Kunststoff-abfälle an. Obwohl Österreich beim Recycling im europäischen Spitzenfeld liegt, werden nur rund 28 % der Plastikabfälle wie-derverwertet, die übrigen 71 % verbrannt und 1 % deponiert.

Reboundeffekt bei technischen Geräten

Technische Geräte, die besonders energieeffizient funktionieren, verursachen einen geringeren Ressourcenverbrauch und damit auch geringere Kosten. Der Reboundeffekt beschreibt das ver-ändertes Kauf- und Gebrauchsverhalten von Produkten, welches durch die Kosten- und Energieeinsparung begünstigt wird. Man unterscheidet zwischen direktem Rebound (das Gerät wird in-tensiver genutzt) und indirektem Rebound (mit dem eingespar-ten Geld werden weitere Geräte gekauft). Durch den indirekten Reboundeffekt wird die theoretisch mögliche Energiegewin-nung nicht oder nur in geringerem Ausmaß erreicht. Kommt es dadurch sogar zu einem höheren Verbrauch, handelt es sich um ein sogenanntes Backfire.

Recycling

(Deutsch: Wiederaufbereitung, auch stoffliche Wiederverwer-tung) Verfahren, bei dem die im Abfall enthaltenen Rohstoffe zu ➤ *Sekundärrohstoffen* aufbereitet werden. Recycling gilt als wesentlicher Beitrag zur ➤ *Kreislaufwirtschaft*, ist jedoch gemäß EU-Abfallhierarchie dem Vermeiden und Wiederverwen-den nachzuordnen.

Die Recyclingquote lag in Österreich 2016 bei 53,8 % (Quelle: Global Recycling Rates Report 2018). Die Zielvorgabe der EU liegt bei 65 % bis zum Jahr 2035. In Deutschland wurden 2017 laut Umweltbundesamt 67 % erreicht.

ReUse

(dt. Wiederverwendung) Weitergeben noch brauchbarer Gegenstände. ReUse-fähig sind saubere, noch funktionsfähige Produkte. Sie werden entweder verschenkt, getauscht oder auf Flohmärkten, Online-Plattformen usw. verkauft.

Sekundärrohstoffe

Neben Primärrohstoffen, die aus unbearbeiteten Rohstoffen gewonnen werden, spielen Sekundärrohstoffe in Zeiten zunehmender Rohstoffverknappung eine wichtige Rolle. Sie werden mittels verschiedener technischer Verfahren beim Recycling gewonnen. Wie oft und wie ein Sekundärrohstoff wiederaufbereitet werden kann, variiert je nach Rohstoff und kann mitunter auch mit hohem Energie- und Kostenaufwand verbunden sein.

Sperrmüll

Restmüll aus privaten Haushalten und ähnlichen Einrichtungen, der zu groß oder zu sperrig für die Entsorgung in der Restmülltonne ist und daher als eigene Fraktion gesondert abtransportiert wird.

Das Sperrmüllaufkommen betrug österreichweit im Jahr 2017 rund 255 784 Tonnen und ist damit von 246 559 Tonnen im Jahr 2016 um 3,7 % gestiegen. Im Durchschnitt verursachte jeder Österreicher 2017 rund 29 kg Sperrmüll, jeder Deutsche rund 30 kg (mit einem Anstieg von 1 % zu 2016).

Umweltkostenwahrheit

Eine häufig geäußerte Kritik lautet, dass die berechneten Umweltkosten nicht die Realität abbilden. Treibhausgas-Emissionen werden in nationalen Umweltberichten nur jenen Ländern zugerechnet, innerhalb deren nationalstaatlichen Grenzen sie ausgestoßen werden, etwa bei der Produktion. Jene Treibhausgase, die beim Transport und Verbrauch unserer Konsumgüter entstehen, werden dabei nicht erfasst.

Der tatsächliche ökologische Fußabdruck ist folglich häufig nicht mit den errechneten Emissionen identisch. Eine verbrauchsbedingte Berechnung bezöge hingegen auch Produktion, Transport und Verbrauch jener Güter mit ein, die ein Land importiert. Die Emissionswerte in Österreich wären folglich in einer solchen Berechnung etwa um rund 50 % höher (15 Tonnen an CO_2 pro Person anstatt derzeit 10 Tonnen).

Upcycling

(Deutsch: Aufwertung) Prozess, bei dem Abfallmaterialien zu neuen Produkten verarbeitet werden. Anders als beim Downcycling oder ➤ *Recycling* erhöht sich der Wert des verwendeten Materials dadurch. Als Reaktion auf die Wegwerfmentalität der modernen Konsumgesellschaft findet Upcycling in der Mode-, Möbel- oder Bauindustrie zunehmend Anwendung.

https://www.youtube.com/watch?v=iXz8TIpUZZU

Verpackungsverordnung

Die Verpackungsverordnung regelt die Rücknahme- und Verwertungspflichten von Unternehmen. Sie ist eine Verordnung auf Basis des Abfallwirtschaftsgesetzes. Betroffen ist jedes Unternehmen, das Verpackungen in Verkehr setzt. Ziel der Verordnung ist es, die Wiederverwendung und Vermeidung von Verpackungsabfällen bzw. die Vorbereitung zur Wiederverwendung und Verwertung zu fördern.

Verursacherprinzip

(engl. *Polluter pays principle*) Das Verursacherprinzip als wesentlicher Grundsatz der Umweltrechts besagt, dass der Verursacher von Umweltbelastungen stets auch die Kosten dafür tragen soll. Im Gegensatz zum Vorsorgeprinzip, das Umweltschäden möglichst im Voraus verhindern soll, betrifft das Verursacherprinzip die reine Zurechnung von Kosten.

Zeithilfsnetzwerk

Plattform zur generationsübergreifenden Nachbarschaftshilfe. Alltägliche Hilfestellung (z. B. Babysitten, Begleitung beim Einkauf, Rasen mähen etc.) werden gegen Zeit getauscht und auf ein Zeitkonto verbucht, wofür im Anschluss Leistungen anderer Personen in Anspruch genommen werden können. Neben der gegenseitigen Unterstützung soll so eine aktive Beteiligung am gesellschaftlichen Leben ermöglicht werden.

Zero Waste

(dt. null Müll, null Verschwendung) Eine Philosophie, Strategie und Reihe praktischer Maßnahmen gleichsam mit dem Ziel, Abfall zu vermeiden.

Zero Waste steht in westlichen Staaten für einen bewusst minimalistischen und stark abfallreduzierten Lebensstil nach den Prinzipien *refuse / weglassen – reduce / einschränken – reuse / wiederverwenden – recycle / recyceln – rot / kompostieren.*

www.zerowasteaustria.at

www.zerowasteeurope.eu

Zusätzliche Informationen

Kleidung

Jeder Österreicher und jede Österreicherin besitzen im Durchschnitt 156 Kleidungsstücke (50 kg), wovon der Großteil kaum oder gar nicht getragen wird. Pro Jahr kaufen wir rund 60 Kleidungsstücke (ca. 19 kg) neu, 35 Teile (11,2 kg) werden wieder entsorgt. Obwohl das eigene Kleidungslager wächst, wird Kleidung nur halb so lange getragen wie noch vor 15 Jahren.

Der Trend zur schnellen Mode bleibt nicht ohne Auswirkungen: 75 000 Tonnen Textilien werden jährlich über den Restmüll entsorgt, 26 000 Tonnen getrennt gesammelt. Die Produktion der österreichweit neu gekauften Kleidung verursacht jährlich rund 3,7 Millionen Tonnen CO_2.

Soziale und ökologische Probleme in der Textilproduktion:

Allgemeines:

Hauptanbauländer: China (32 %), Indien (23 %),die USA (12 %), Pakistan, Usbekistan, Brasilien, die Türkei und Australien. Jährliche Baumwollernte: 25 Millionen Tonnen, 1 T-Shirt verbraucht ca. 2000 Liter Wasser (= 10 Badewannen).

1) Baumwollanbau:

Problematisch sind Wasserverbrauch, Pestizide, chemische Dünger und gentechnisch manipuliertes Saatgut. Fasern tierischen Ursprungs stammen aus Massentierhaltung (Wolle, Pelze). (https://www.suedwind.at/fileadmin/user_upload/suedwind/Regionalstelle_Stmk/Materialien_Schwerpunktthemen/efg_2_web.pdf) Baumwollfelder machen rund 2,4 Prozent der weltweiten Ackerfläche aus, auf denen rund elf Prozent aller erhältlichen Insektizide, Herbizide und Fungizide eingesetzt werden. (http://www.oeko-fair.de/index.php/cat/799/title/Der_Einsatz_von_Pestiziden) 99 % der Baumwollbauern und -bäuerinnen weltweit leben im globalen Süden und verfügen nicht über die erforderliche Ausrüstung, um sich vor den gefährlichen Pestiziden zu schützen. Weniger als 3 % der Baumwollproduktion geschieht unter biologischen Bedingungen.

2) Gifteinsatz bei Textilverdelung:

Färbung, Spezial-Imprägnierung, Spezialvorgänge, z. B. »stonewashed« durch: Bleiche, Farbstoffe, Schwermetalle, Weichmacher.

Jeans im »used look«: Sandstrahlen, »hand-sanding« und chemische Sprays setzen ArbeiterInnen erheblichen Risiken aus. https://www.biorama.eu/giftige-farbe/

Beim ersten Waschgang spülen wir diese Gifte in unsere Abwässer: langlebige, bioaktive Substanzen, die sich mit der Zeit anreichern. Selbst unsere Kläranlagen sind wirkungslos: Die Gifte kommen über Wasser, Feld und Nahrung zu uns zurück.

https://www.suedwind.at/fileadmin/user_upload/suedwind/Regionalstelle_Stmk/Materialien_Schwerpunktthemen/efg_2_web.pdf

3) Arbeitsbedingungen bei Verarbeitung:

Fast 75 % des weltweiten Bekleidungsexportes wird im globalen Süden hergestellt. 30 Mio. Beschäftigte in der weltweiten Textilindustrie, davon rund 80–90 % Frauen, arbeiten unter menschenunwürdigen Bedingungen: 70-Stunden-Wochen und mehr, keine Sozial- und Altersversicherung, extrem niedrige Löhne, Verbot bzw. Verhinderung gewerkschaftlicher Organisierung, 12–18 Stunden-Arbeitstage ohne Pausen, miserable Lebensbedingungen aufgrund der niedrigen Löhne.

https://www.suedwind.at/fileadmin/user_upload/suedwind/Regionalstelle_Stmk/Materialien_Schwerpunktthemen/efg_2_web.pdf

4) CO$_2$-Verbrauch durch Transport:

CO$_2$-Emissionen durch lange Transportwege zwischen den einzelnen Produktionsschritten (Baumwollanbau, Stoffproduktion, Garnproduktion und Stofferzeugung), Textilveredelung, Design, Zuschneiden und Nähen, Finishen, Transport und Verkauf.

https://www.suedwind-magazin.at/die-textile-kette
https://utopia.de/burberry-kleidung-kosmetik-vernichtet-97553/

Hemmnisse / Probleme für Kreislaufwirtschaft (Beitrag Sepp Eisenriegler R.U.S.Z.)

Wir leben heute in einer Welt, deren »Wohlstand« – besser: deren werbeinduzierter, angestrebter Lebensstandard im globalen Norden – nur durch Raubbau an den globalen Rohstoffen im globalen Süden möglich ist. Diese lineare Wirtschaftsweise braucht den systemischen Wandel hin zu einer zirkulären Kreislaufwirtschaft, in der insbesondere wertvolle Rohstoffe möglichst lange, kaskadisch genutzt werden, bevor sie schlussendlich einem verbesserten stofflichen Recycling zur Gewinnung von Sekundärrohstoffen zugeführt werden.

Unsere wachstumsgetriebene Wirtschaftsweise auf gesättigten Märkten liegt in den letzten Zügen. Längst hat die EU-Kommission einen systemischen Wandel von der ressourcenintensiven, linearen zur abfallarmen, zirkulären Wirtschaftsweise ordnungspolitisch vorgegeben. Nicht einmal die herstellende Industrie zeigt ernst zu nehmenden Widerstand. Natürlich wird das alte System ausgereizt, solange es noch geht, und bringt seltsame Wachstumsblüten mittels immer neuer Verschrottungsprämien hervor. Aktuell bekommt man einen »Zukunftsbonus«, wenn man sich eine WLAN-fähige Waschmaschine kauft. Kaum wurden in der EU Millionen von Waschmaschinen ohne Not gegen angeblich energieeffizientere getauscht, wandern auch diese schon wieder in den Schredder. Was aber bringt eine WLAN-fähige Waschmaschine? Mit dem Kauf einer Smart-Home-Waschmaschine ist das Herunterladen einer App auf das Smartphone verbunden. Damit kann der smarte Konsument dann das Programm wählen und die Waschmaschine aus dem Büro oder dem Urlaubsort einschalten. Was weder die A+++ Waschmaschinen gebracht haben und WLAN-fähige Waschmaschinen erst recht nicht: Langlebigkeit und reparaturfreundliches Design. Waschmaschinen, die früher für ein halbes Leben konstruiert wurden, werden heute im Schnitt alle 8,3 Jahre getauscht.*

Wie die jüngst erschienene UN-Studie »Global Resources Outlook 2019« wissenschaftlich belegt, wäre eine Reduktion jenes

---

* AK-Studie (2016): Die Nutzungsdauer und Obsoleszenz von Gebrauchsgütern im Zeitalter der Beschleunigung. Eine empirische Untersuchung in Österreichischen Haushalten

mit der Konsumorientierung unserer Gesellschaft einhergehenden Verbrauchs nicht regenerativer Rohstoffe ein bislang unterschätzter Beitrag zum Klimaschutz: http://www.resourcepanel.org/reports/global-resources-outlook. »Der Abbau und die Verarbeitung von natürlichen Ressourcen ist für die Hälfte der globalen Kohlenstoffemissionen verantwortlich!« (Und zu 90 % für den Verlust der Artenvielfalt!)

Wer folglich sein Bedürfnis nach sauberer Wäsche mit einer hochwertigen, gemieteten Waschmaschine (ohne Eigentumsübergang) oder einer langlebigen Waschmaschine wäscht, leistet einen aktiven Beitrag zum Klimaschutz.

Derzeit werden von den EU-Normungsorganisationen CEN und CENELEC Ressourceneffizienz-Standards ausgearbeitet, die es ab 2025 verhindern sollen, dass Wegwerfgeräte im EU-Wirtschaftsraum angeboten werden dürfen. Elektrische und elektronische Geräte sollen dann langlebig, leicht reparierbar und re-use-tauglich gestaltet sein. Das R.U.S.Z. hat mit der ONR 192102:2014 »Gütezeichen für langlebige, reparaturfreundlich konstruierte elektrische und elektronische Geräte« Pionierarbeit geleistet und im EU-Normungsgremium CEN-CLC JTC 10 den Weg aufbereitet, um den Auftrag der EU-Kommission »Energy Related Products – Material Efficiency for Ecodesign« in die richtigen Bahnen zu lenken.

Vor diesem Hintergrund einer guten, bereits in Umsetzung befindlichen EU-Ordnungspolitik sind vor allem die Regierungen der Mitgliedsstaaten gefordert.

Sandra Krautwaschl

Kein Leben für die Tonne

Schockiert über die Auswirkungen, die die gigantischen Plastikmengen auf Gesundheit und Natur haben, beschloss Sandra Krautwaschl mit ihrem Mann und drei Kindern, zunächst einen Monat ohne Plastik zu leben. Gar nicht so einfach: Was tun, wenn man sich weiter die Haare waschen, die Zähne putzen und sich der Sohn ganz sicher nicht von seiner Plastik- Ritterburg trennen will? Eine unterhaltsame, undogmatische Lektüre mit einer motivierenden Botschaft: Jeder kann im Kleinen die Welt verbessern und dabei Spaß haben!

978-3-453-60534-3

Martin Dorey

Schnell lesen, schnell handeln, viel bewirken

Ein bisschen die Welt retten – und das in zwei Minuten.
In einer immer unübersichtlicher werdenden Flut aus Plastik
liefert dieses kleine Buch klare Informationen und schnell
umsetzbare Tipps für leerere Mülleimer und
ein leichteres Gewissen.

HEYNE ‹   MARTIN DOREY

Schluss. Mit. Plastik.

Was du konkret
tun kannst,
um den Wahnsinn
zu stoppen

30 ZWEI-MINUTEN-LÖSUNGEN

978-3-453-60509-1

Leseprobe unter **www.heyne.de**

HEYNE ‹